致親愛的，這是你和世界最好的距離

楊詠婷 譯
菅野仁 著
田中鮎子 繪

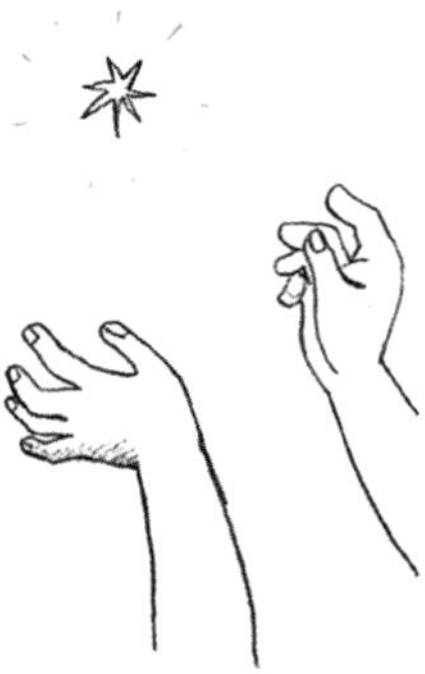

〈專家推薦〉

小時候，我渴望有很多朋友，身旁沒人一起玩，就覺得孤單沮喪；長大後，我感覺到自己越來越孤僻，反而渴望獨處。後來，我發現，自己不是孤僻，而是在找尋人際關係中舒服的位置。我懂了，我不需要成為人氣王，而是在有品質的關係中，自在地活著。「人我關係」是我們一生的課題，也常是困擾的來源，這本書能幫助你重新看待人際關係，找到人我之間最感自在的距離——既可以親密，也可以獨立。

——諮商心理師、作家　陳志恆

人際關係是錯綜複雜的網絡，親密與疏離或許只有一線之隔。恰到好處的人我距離，是不追求他人的完全認同，但也保有適度期待，渴望能表達自我。在收放之間，我們學習與他人連結，並與自己共處，這是你和世界最好的距離。

——臨床心理師　李郁琳

〈讀者佳評〉

- 活在艱辛世道的人們啊，這本書是獻給你們的一杯溫暖咖啡，讓人體會應該如何愛自己、愛這個世界。這份愛並不激烈，甚至有點平靜，在讀這本書的短暫時光裡，我感受到了前所未有的放鬆。
- 作者讓我知道，除了自己以外，包括家人在內的所有人都是他人，所以沒有什麼是理所當然的，無論是愛或理解。只要置身在與他人的關係中，都有可能受傷，所以不需要因此怪罪自己或世界，這是得到幸福都必須歷經的道路。
- 我一直覺得自己對他人沒有什麼期待，也築起了一定厚度的牆，成功地保護了自己，結果卻活得越來越辛苦。果然就如作者所說，人生的頓悟不是看透世事，而是不放棄自己所愛，同時努力與他人連結，對自己及他人抱持信心，但也做好可能受傷的準備。
- 對我來說，與他人建立關係，就等同於會傷痕累累，最後落得憤世嫉俗。而作者告訴我，要試著與自己的「脆弱」和解，也教了我許多面對這個世界的訣竅。他讓我明白，原來世上也有像他這樣溫暖的人，或許，我只是需要多一點的勇氣，去找到能讓自己幸福的安身之地。

CONTENTS

PART 3 除了自己以外，所有的人都是「他人」

PART 4 如何讓自己融入這個疏離的「社會」？

PART 5 接受自我的脆弱，再往前跨出一步就好

PART 6

找到最好的距離，體會生命的滋味

〈前言〉寫給想跟世界靠近，但又不知所措的你

菅野仁

雖然有點不好意思，但我想先說個關於自己的小故事。

我從小就學鋼琴，到了高二都還特意撥出時間去上課。當時教我鋼琴的老師，在當地算是十分知名的男性音樂家。

那一天，在課程快到尾聲的時候，有位男士走進了房間，然後就坐在沙發上等待課程結束。我心想「他們之後應該是有工作要談吧」，所以對老師及客人輕輕點頭致意後，就準備離開教室。

結果，那位客人突然叫住我說：「別急嘛，坐一下。」然後笑著開始跟我聊天。

「你是高中生嗎？」

「是的。」

「什麼時候開始學鋼琴的？將來打算走音樂這條路嗎？」

我告訴對方，自己從小學一年級開始學鋼琴，雖然沒有打算從事鋼琴或音樂相關的工作，但是因為喜歡，所以會一直學下去。

「我只聽到結尾的部分，不過你彈的這首貝多芬鋼琴奏鳴曲情緒十分到位，要不要考慮往音樂這條路發展？」

對方的這番讚美讓我很不好意思，但當然也不會不舒服，其實我高興極了。

等對話告一段落，我覺得自己應該站起來告辭了。

當時完全是「最好趕緊站起來打聲招呼，然後盡快離開」的氣氛。

但是，我卻還想跟客人繼續聊下去。

那個瞬間，平時非常怕生的我，突然脫口說出了令人不敢置信的話。

「不然，我再待一會兒吧！」

結果，原本在旁邊微笑聽著我們聊天的老師臉色整個變了。

「不好意思，我們之後有很重要的工作要談，你可以先回去嗎？」

老師斬釘截鐵地說。他的語氣並不憤怒，卻隱藏著足夠讓我這個高中生手足無措的尖銳。

我慌張地將樂譜及筆袋收進書包，匆匆逃離了教室。打開大門後，瞬間射入的五月陽光莫名亮得刺眼，讓準備踏出玄關的我踉蹌了一下。也可能是眼淚讓我的視線模糊了。平常上完課後走向公車站牌時，一路上我總是身心輕快，只有那一天，原本溫暖的陽光卻讓我心生反感。

走了很久很久，我的眼淚都沒有停下來。

是悔恨？還是悲傷？剛開始我並不明白自己的情緒為什麼如此混亂。但是，在走向公車站牌的那十分鐘路程中，我慢慢發現自己感覺到的是極度的「羞恥」。

我並不是對老師冷淡地「要我回去」感到怨恨及傷心，而是對自己居然讓老師說出這種話感到羞恥。那位男客人並不是真的看中我的音樂才能而稱讚我，他只是之後有工作必須拜託老師，基於「社交往來」才稱讚了他的學生。我竟然沒有發現這一點，實在非常丟臉。

我無法原諒自己一被稱讚就得意忘形，甚至沒有掌握好人際間的「距離感」。即使各種情緒夾雜，整個人一團混亂，我也明白自己已經被這種「不解人情世故的行為」給傷害了。

那天以後，我就放棄繼續學習鋼琴。

當我開始專攻社會學這門研究，就非常關注人們生活周遭所發生的各種小事，還有人與人之間不經意的語言交流，以及因此導致的自我動搖，其根源可能就來自我在敏感的青春期所經歷的這個體驗。

確實地掌握人際距離、理解對方心情並做出適當回應的艱難；對於人與人之間的關係感到疲憊，很輕易就會受傷的自我。

這些都是我平常關注的重點。

累積了各種體驗，再加上親身學習人與人之間的關係後，我也稍微長成了成熟的大人，對於我們應該和包圍自己的世界建立什麼樣的關係，有了一些可以談論的東西。

現今是一個不斷追求「自我風格」、「自我個性」，強調「我是誰、做自己」的時代。但是，一直說著「自我」、「自我」，固執地不斷往內挖掘自我原本的模樣，有時反而會讓自己喘不過氣來。

*

越是忍不住要堅持「自我」的人，越是需要一張能重新了解「其他人及周遭的世界是如何與自己產生連結」的詳細「平面圖」。

拿起這本書的你，是否對自己以外的人及周遭的世界，有著如岩石般粗礪的疏離感呢？你想知道如何擺脫這種感覺，也對於包圍自己的這個世界，多少抱著能順利融入的期待。

如果這本書能讓你們了解——

思考，並感受人與人之間的連結，是很重要的一件事，那就太好了。

但是啊，我並不是要跟你們嘮叨「一定得跟身邊所有人都維持良好的關係」，或是「從學校畢業之後要成為獨當一面的社會人，才是正確的人生」這種「大道理」。

我寫這本書，是為了許許多多一聽到人際關係就感到疲累的「你」，還有被提醒應該針對社會思考，卻沒有任何想法的「你」。

想找到自己認同的生活方式，只靠獨自一個人的力量，最後一定會陷入僵局。我覺得，只有與身邊的人心意相通，自己的想法及行為被他人接受，我們的「生命」才能造就無限的廣度及深度。

因此，為了更深刻地思考關於「我」的事，我認為稍微繞個遠路，去思索自己與他人的連結，以及社會到底是什麼，其實也是很重要的。

無論是「他人」或「社會」，這些看似位在自己「外側」的人事物，其實與我們的內心有非常深切的連結。如果一直把它們當成「外側」的事物，就無法看到周遭世界與自我有所「連結」的可能性。

所以，接著就一起來思考這些可能性吧！這一定可以成為良好的契機，讓你重新理解「怎麼樣才是做自己」或者「對自己來說，幸福是什麼」。

PART 1

幸福的樣貌，是需要「設計」的

幸福的具體形式因人而異，
但有「一定的條件」可以提取出來，
那就是──「帶來自我充實的活動」以及「與他人的交流」。

然而，只暢想著這種「純粹的幸福」，
是無法幫助我們抓住幸福的。
每一個人都必須在實際的生活中，
接受自己的界限，但也相信幸福的可能性，
描繪出內心嚮往的樣貌，並思考該往哪個方向行動或努力，
藉由這樣的「設計」，一點一點，確實地朝幸福靠近。

變得「幸福」，是每個人都有的願望

好想變得「幸福」喔！從小，我就一直抱著這樣的願望，即使我並不太了解，「幸福」到底是什麼。

我討厭貧窮，但也不想變成「有錢人」。看過電視就知道，世上有一堆人就算有錢也還是過得不幸福。

反倒是心裡有種強烈的感覺，我想找到一個能實現自我價值的工作。

我曾經想成為「小說家」，然而，小說並非是想寫就能輕易寫出來的東西，我嘗試了幾次之後，就知道自己「不是那塊料」了。

我也想過要當「鋼琴家」，所以拚了命練習（雖然只是一小段時間），但我很快就明白，在鋼琴的領域裡，這個世界上多的是比我更有天分的人。

當我越認真練習，就越能深刻地體會到，想成為一個鋼琴家需要付出多少努力，因而萌生退意。

我也非常渴望擁有幸福的家庭，不過，在被深愛的人甩了之後，我對建立家庭及擁有孩子就產生了恐懼，也失去自信，從此壓抑著內心對於溫暖家庭的憧憬。等到我真正結婚生子，都已經過了三十五歲。

「我想成為像孟德爾頌那樣的人。」

對於中學時期的我來說，孟德爾頌就是「幸福的象徵」。

大家應該都知道孟德爾頌這位音樂家吧？比起莫札特或貝多芬，他或許沒那麼有存在感，但也是音樂史上頗富盛名的大師。

我在國中的音樂課上首次聽到他最著名的《E小調小提琴協奏曲》，當開頭悲愴的主旋律響起時，我不禁渾身顫抖。在那之後，我就對孟德爾頌是什麼樣的人產生了好奇心，開始蒐集起相關的資料。

在這過程當中，我得知了貝多芬不但愛而不得又雙耳失聰，莫札特雖然是天才卻一生不幸，舒曼在歷經與克拉拉轟轟烈烈的戀愛之後結為連理，看似令人稱羨卻在晚年企圖自殺，最後死在精神病院等諸多真相，不免有些震驚，同時也知道這些偉大的音樂家生前大多窮困潦倒、處境艱難。

只有孟德爾頌不一樣。他不僅家境富裕，還在教養良好、充滿愛的家庭中成長，本身除了具備音樂素養，更接受了完整深厚的全人教育。

他所擁有的教育環境，讓他能充分發揮作為音樂家的才能，專心提升自我的藝術層次，更不用說，他還與心愛的人一起建立了溫暖幸福的家庭。

像他這樣能在歷史上留下不朽的藝術創作，同時還能家庭美滿、一生順遂的音樂家，基本上極為少見。我既沒有他的藝術天分，家境也不富裕，更不曾接受過特別的英才教育，自然不可能變成孟德爾頌。

第一次感受到人生中的「界限」

能實現自我價值（最好是其他人無法模仿且具有獨創性）的工作，以及充滿愛的和睦家庭——直到現在我還是認為，能同時擁有這兩者，就是世界上最幸福的人了。

但是，我想很多正在讀這本書的人也應該早就發現，想要獲得這樣的幸福，是非常困難的一件事。

我不禁想起上國中以前，在年紀更小、幾乎沒什麼記憶的四、五歲時，自己是什麼模樣。

那時的我似乎真的覺得自己能心想事成，甚至可以變成世界上任何一個人，這也就是一般所熟知的「幼兒的全能感」。

雖然我已經不記得幼稚園之前的自己是怎麼想的，但是看到眼前剛滿四歲的兒子，我就對所謂「幼兒的全能感」有著非常深刻的感受。

舉例來說，我兒子真的認為等他「長大之後，就能成為像米爾科・菲利浦維奇[1]（Mirko Filipović）那樣強悍的格鬥家」。

雖然在不久的將來，他就會清楚地知道，不管他再怎麼努力，都不太可能擁有米爾科的體格（身高一九〇公分、體重約一百公斤），也不可能成為全球數一數二的厲害格鬥家（不知道屆時我兒子會不會埋怨自己生在父母都是小個子的家庭？）。

註1 職業自由搏擊運動員、綜合格鬥家，以兇猛的腿技闖蕩 K-1、PRIDE 等綜合格鬥大賽，出生於前南斯拉夫克羅埃西亞，二〇〇三年並當選該國的國會議員，而引發熱議。

一旦進入幼稚園、小學的階段，孩子便會漸漸察覺到許多事，首先就是自己人生當中的「界限」。**這個「界限」來自兩個方向，一個是自己與同學、老師等周遭人們的關係，另一個是自己的才能與力量。**

要如何與周遭的人建立關係？這是個十分棘手的問題，我一直到老大不小了才開始煩惱這種事，但我小學二年級的女兒卻早早就開始面對朋友之間各種緊張的關係，例如因為個子小被取笑，但又因為最早學會九九乘法表，被班上同學另眼相看等等。即使只是小學生，同學與朋友之間的優劣競爭意識也已經不可小覷。

「朋友」，或許是我們從小在成長過程中第一次遇到的「他人」。

「他人」一詞在現今隨處可見，而思考自己與周遭人們的連結時，這確實是十分重要的關鍵詞。

在我的想法裡，不僅陌生人是「他人」，包括身邊親近的人（＝鄰居、朋友及家人）也都是「他人」。

換言之，對於（至少是青春期之後的）自己來說，除了自己以外，所有的人都是「他人」。

畢竟就算再親近，對方也不可能擁有跟自己完全相同的想法及感受——這是我在思考所謂的**「連結」**時，心中所抱持的立場及出發點（詳情會在後續的第三章說明）。

日本哲學家竹田青嗣曾經說過，**「他人」**的本質具有雙重性。對自己來說，他們除了是「威脅的來源」，也是「愛（Eros＝生之歡愉）的泉源」。

而我認為，這個「愛的泉源」是來自於「連結本身所帶來的喜悅」以及「被認同的喜悅」這兩方面。

聽起來有點複雜，所以下面來做個整理——

◎「他人」的本質中所具備的雙重性

①威脅的來源

②愛的泉源（連結本身所帶來的喜悅／被認同的喜悅）

他人是「威脅的來源」，讓我們看見相對性

首先來探討他人是「威脅的來源」這個部分。

在人們很小的時候，大多活在自己是世界中心的「我是主角」的童話故事裡（來自身邊大人的允許），朋友則是這個自我中心的世界裡，提醒我們「並不是這樣」、「你一點也不厲害」的相對性存在。

前陣子，我家的孩子正在看他們每週期待的《櫻桃小丸子》，我一邊工作一邊跟著看了一點，那次正好講了這樣的故事。

某天，小丸子看見掛在櫥窗裡的漂亮衣服（不太確定，依稀記得是粉紅色的洋裝），她很想要那件洋裝，母親卻不肯買給她，所以她非常沮喪。

後來，她不知怎麼幸運地得到了那件衣服，整個人高興得跳了起來。因為在她的想像裡，穿上那件衣服的她，就跟外國的公主一樣美麗。

隔天，小丸子就穿上新衣服去了學校，心裡不斷想像著同學稱讚自己：「哇啊！怎麼回事啊，小丸子？你身上的衣服好漂亮喔！」「你的洋裝也太美了吧！」——

但是，現實中那些朋友的反應……卻「跟平常沒有兩樣」。

小丸子一面跟周圍的朋友道「早安」，一面暗自期待他們的讚美，但朋友們卻只是稀鬆平常地回道「小丸子早安」，沒有人驚訝地問她：「哇啊！你穿新衣服了！」也沒有人用看外國公主的眼光看待她，所有的朋友都是這樣。小丸子因此十分受傷……

班上的同學並沒有取笑小丸子的新衣服，像是批評「你這件洋裝好奇怪喔」或「完全不適合你」，他們只是一如往常地對待小丸子。僅僅如此，就讓小丸子「自我中心的世界」破滅了，傷害到她幼小的心靈，只因為**「沒有人用她期望的眼光看待她」**。

一般來說，幼小的孩子很少遇到「自我童話」被否定的情況（當然也有不幸的孩子從小就被父母或周遭的大人否定，但在現今這個時代，大多數的父母還是寵愛孩子的）。隨著我們慢慢長大，開始與朋友建立關係，逐漸學會從相對的角度去看待原本「自我中心的童話」，有時還會面臨被否定的狀況，這些都是成長必經的過程。

問題是，如果自我中心的童話受挫了，這樣的打擊又沒有在自己的內心好好被處理、消化，對於他人的恐懼，還有害怕與他人建立連結的感受，就會在心裡面逐漸膨脹，越滾越大。

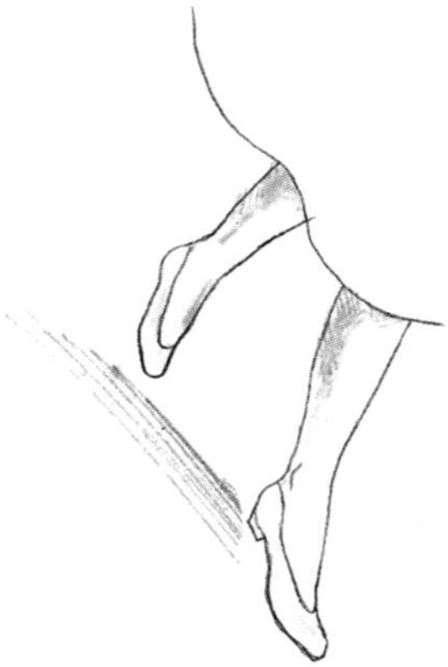

他人也是「愛的泉源」，帶來連結的喜悅

但是，他人絕對不單單只是「威脅的來源」。

許多因為受挫而變成（或曾經是）「家裡蹲」、「繭居族」的人，都仍然抱著「想和他人維持連結」的渴望。

說得極端一點，如果他人純粹是「威脅的來源」，一旦受到傷害，那只要躲起來就好了。

但這些「家裡蹲」的人卻一直為之痛苦，這又是為什麼？

那是因為，他人同時也是「愛（Eros）的泉源」。

GINZA LINE

Eros有「愛情、欲望」等為生命帶來歡愉的意義。也就是說，當我們能實際感覺到自己與他人的連結，就能強烈地體會到**「生命的滋味」**[2]。

關於他人是「愛的泉源」這個特性，就像前面提過的，我認為這源自於兩個方面。

一個是最根本的**「連結本身所帶來的喜悅」**，這無關邏輯及道理，只是「和這個人在一起就覺得放鬆」或是「莫名地感到平靜」。

我女兒剛出生那一陣子，有一次我抱著她在懷裡安撫，看著她可愛的臉龐，一陣洶湧的愛意突然襲來，弄得我血液倒流，腦血管差點破掉，就這樣抱著她在原地頭暈目眩了起來。

後來我跟友人的妻子分享了這件事，把她逗得哈哈大笑，隨即便傳揚得附近鄰居人盡皆知（主要是在笑一個對女兒「愛過頭」的傻爸爸）。這種難以言喻，「連結本身所帶來的喜悅」，在眾多養兒育女的情境中都能窺見。

光是和對方待在一起、或是身體相互接觸，就能體會到滿滿的幸福，這種感覺並非只存在於父母與孩子之間，像是正在交往的情侶、剛結婚的夫妻也會有相同的感受。很多時候甚至不需要身體上的接觸，像是與知心好友待在同一個空間，即使沒有一起做些什麼，只是各自聽音樂、看書，在彼此身邊就能感受到莫名的平靜。

他人作為「愛的泉源」所具有的第二個特性，就是對於自我意見、想法及行為的認同，亦即**「被認同的喜悅」**。類似於「你真了不起」、「原來如此，你說得對」這樣的「認同」，有著直達存在本質的強大魅力。事實上，一旦缺少了這個要件，所有喜愛的事物及自我表現幾乎都會失去意義。

註2 日文為「生のあじわい」，綜合快樂、高興、舒暢、活著真好等感受，是一種對「生命的肯定感」。此處被用以解釋十九世紀德國社會學家、生命哲學家齊美爾（Georg Simmel）所提出「生命的充實」、「生命的享受」等概念，以及竹田青嗣「欲望論」的關鍵詞 Eros，是作者自創的專有名詞。

此外，相對於父母及親人，來自學校老師與朋友的認同，又能給人帶來完全不同的「生命的滋味」。

簡單來說，親人對自己的認同多少有點「睜一隻眼閉一隻眼」。小時候或許還看不出這是親人對自己的偏愛，但是等到進入學校，經歷了與朋友之間的關係，就漸漸會開始明白了。

也正因為如此，被同學、朋友這種他人本質特別明顯的對象所認同，會讓人感受到有別於親人認同的另一種「生命的滋味」。怎麼說呢，這就像是初步體驗到了自己與「世界」連結的可能性，之後也會進一步產生想要向更廣闊的世界尋求認同的欲望。

這就是他人的認同會成為「愛的泉源」的理由。

因此我認為，**當人得以做自己想做的事，並且獲得了他人的認同，「生命的滋味」就會達到最高峰。**

在具體的生活中，學會「設計自己的幸福」

在幼兒階段的全能感受挫之後，漸漸成長的我們，所要面對的共同課題有兩個——

一是即使並非完全如願，也要設法找到能夠滿足自我的「活動形式」；再來則是如何一邊與周遭的他人建立連結，一邊深化「生命的滋味」。

因此，「人類的幸福是什麼？」

現在的我，或許就會像接下來這樣，回答一開始所提出的這個疑問——幸福的具體形式是什麼？答案因人而異。

但是，人類的幸福具有「一定的條件」，這個條件十分確實，足以讓人直接提取出來。

那麼，這個「一定的條件」是什麼？

那就是——

「帶來自我充實的活動」

以及

「與他人的交流」（源自於「連結本身所帶來的喜悅」與「被認同的喜悅」）。

自己所真正接納的活動，完全發揮自身能力的活動，得以充分表現自我的活動——這些都是能確切「帶來自我充實的活動」。

身邊有待在一起就會感到平靜的人，或是遇見能真心「認同」自己的活動的他人——這是「與他人的交流」。

我認為，只有當這兩者順利聯繫起來，人類才能獲得「真正的幸福」。

我們來稍做一下整理。

◎幸福的條件——

①帶來自我充實的活動

②與他人的交流（「連結本身所帶來的喜悅」與「來自他人的認同」）

＊①與②保持平衡、順暢的良好關係，是「生命的滋味」深化的主因。

從這個觀點來思考，就能明白我在國中時為何會那麼憧憬孟德爾頌了。他從事的是「作曲」這項最能發揮自我潛力的天職，還建立了美滿的家庭，不僅深獲當時人們的敬重，連幾百年後的我們都「認同」了他的成就。

對我來說，這等於是看著自己理想中的「幸福」直接變成了現實。

然而，不是每個人都能成為孟德爾頌。

應該說，我們絕大部分的人都無法成為孟德爾頌。單單把這個「條件」拿出來看，就會知道在具體的現實生活中，我們是多麼缺乏創造幸福的能力。

同時達成「帶來自我充實的活動」以及「與他人的交流」——這是我們所能描繪出來的「幸福最純粹的模樣」。但是，只暢想著「純粹的幸福」，是無法幫助我們抓住幸福的。

我認為，每一個人都必須在生活的實際活動中，學會如何去抓住幸福。

對於大多數成長在尋常的環境、擁有尋常的能力，每天過著平凡的日子、平凡地為自己及身邊的他人祈求幸福的人們來說，幸福絕不是默默等在那裡就能得到的東西。我們必須靠著自己的努力，不斷修正日常的行止，以及與他人交流的方式。

因此，學會在具體的生活中描繪自己所嚮往的幸福樣貌，並思考自己該往哪個方向追求或行動，才能得到幸福，是一件非常重要的事。

我將它稱為——

「設計自己的幸福」。

借用英國代表性社會學家安東尼・紀登斯（Anthony Giddens）的說法，由於對「反思性」（亦稱「反身性」；reflexivity）的敏感度提升，現代人更需要再次去反思自己與他人、自己與社會，以及自己與自己的關係。

那麼，在「設計」自己的幸福時，最重要的事是什麼？

那就是確實地了解「幸福最純粹的模樣」與〈現在・這裡〉的自己之間的「距離」，相信幸福的可能性，但是也接受自己生命的「界限」。

換句話說，就是不苛求自己要具備「無敵的能力」，也不強求他人給予自己「絕對的認同」。

理解自己的能力及所處環境的界限，但不失去即使只踏出一小步，也要確實前進的勇氣；

不期待他人接受自己的一切，但就算只能傳達一點點，也樂於分享自己的想法與感受；

再以此為基礎，漸漸加深與他人的連結。

或許在現實生活中沒那麼容易，但是，朝著這樣的方向去規劃、設計屬於自己的幸福，是很重要的事，至少我是這麼認為。

PART 2

從 真正的我，到對我來說的〈真實〉

不去執著理想中「真正的我」是什麼模樣，
而是珍惜現在的自己，去追尋「對我來說的〈真實〉」，
才能在設計幸福時，得到最大的支持。

人只要活在世上，就不可能沒有煩惱和痛苦，
有些人之所以能笑得那麼幸福，
是因為他們找到了方法，
與活在世上就必須背負的「限制」及「挫折」和平共處，
同時也不放棄自己的「憧憬」及「理想」，
努力朝著永不斷絕自我生機的方向前進。

「憧憬」和「現實」只能二選一嗎？

在現今這個時代，我們經常會聽到「找到真正的我」或是「遇見真正的我」這樣的話語。

與眼前這個平凡的我不一樣的「真正的我」，個性氣質完全不同於他人的「真正的我」，比任何人都還要耀眼的「真正的我」……

當「真正的我」被人們用各種想像渲染得越來越理想化，就慢慢變成活在當前的我們所懷抱的一種「憧憬」。

但是，有許多人對於所謂〈尋找「真正的我」〉抱持著懷疑的態度，也是不爭的事實。他們有著根深柢固的觀念，那就是——與其追求虛無飄渺的「真正的我」，以致於無法腳踏實地生活，還不如早點丟掉無謂的幻想，努力活在現實當中。

嗯……哪一邊的想法才是正確的呢？

對於「真正的我」的「憧憬」，以及捨棄前者專注於「現實」——兩者的想法都有一定的道理。但是，如果只選擇一方而捨棄另一方，總感覺都會失去某種重要的東西。

那麼，若是換種方式想像如何？

不去幻想遠離**〈現在．這裡〉**這個〈生命現場〉的「真正的我」具體上是什麼模樣，而是珍惜**〈現在．這裡〉**這個屬於自己的安身之地，再去追尋**「對自己來說的〈真實〉」**——或許，這才是所謂的「尋找真正的我」。

這麼一來，我們對於「真正的我」的執著，就會變成「幸福的條件」的重要部分，同時減少原本那種「逃避現實」的不可靠印象。

什麼是「對自己來說的〈真實〉」？我認為就是**在從事各種活動時，自己的內心會強烈感受到「這非常很適合我」、「做這件事〈真的〉讓我很快樂」等「生命的滋味」**。

若是這件事能與自己的「職業」連結起來，那就更美好了。

這讓我想起在大聯盟極為活躍的棒球選手鈴木一朗。他除了擁有柔韌的身體、絕佳的平衡感，還具備優異的打擊天分，守備及跑壘的爆發力與判斷力也同樣卓越超群。

從他的訪談當中，可以得知他即使陷入了低潮，仍然保有心靈等各方面的自制力，讓人不禁讚嘆，他就是「為了棒球而生的人」。

我認為，「天賦異稟」的鈴木一朗，就是透過棒球找到了「對自己來說的〈真實〉」。換言之，棒球對他來說，就是「帶來自我充實的活動」。

但是，可想而知，不是每個熱愛棒球的人都能擁有鈴木一朗的才能和機會。在競技運動界裡，與生俱來的「天分」會大大左右最後造就的成果，不知道有多少選手就是看到了自己天分的「界限」，而不得不放棄棒球。

提到「帶來自我充實的活動」，很容易就讓人聯想到「能實現自我價值的職業」或是「能發揮自我個性的工作」。找到一個既能肯定自我價值、又能發揮個性，甚至還是真心喜歡的工作，可以說是最幸福的事了吧！

然而，不是所有人都能夠找到這樣的天職。因此，**琢磨自己的敏銳度和感受力，在工作之外的活動中找到「對自己來說的〈真實〉」**，也是很重要的事。

找到那莫名撼動自己靈魂的事物

有些人雖然沒辦法將「帶來自我充實的活動」直接與職業連結，但是透過從年輕時一直持續到老的興趣，也同樣擁有了充實的人生。

我太太娘家的伯父就是這樣的人。

出身長崎的他，大學時就去了東京，但是一直沒有放棄從高中時代就喜愛的油畫。他的家庭環境並不富裕，只能選擇白天工作、晚上去唸夜間部，即使如此忙碌，他仍然會擠出時間來畫畫。大學畢業後，他進了一間大型建築公司上班，由於工作繁忙，畫畫的時間也逐漸減少了。

但是，當他一從公司退休，擁有了充分的閒暇，便立刻全心投入繪畫的創作。除了油畫之外，他更常畫水彩畫，將身邊的花草及風景用淡淡的溫柔筆觸描繪下來。或許，他喜歡的是自己用水彩描繪花草及風景時，能直率地傳遞內在心境的感覺吧！

他剛滿七十歲那年，癌症開始侵蝕他的身體，也是從那時候起，伯父經常跟我分享他的畫作。他在散步時隨意畫下的素描，靈動地像是汲取了小小花草中隱藏的生命力；在旅途中描繪的風景畫，也鮮活得彷彿擁有靈魂。他的每一幅畫，都能讓人感受到他對生命所抱持的那份強烈又纖細的堅持。

直到過世的前一刻，伯父都還在畫畫。

我想，他是〈真的〉很喜歡畫畫。在得知自己罹患癌症之後，他或許也想藉由畫畫，給家人及朋友留下自己曾經確實活在世上的證明吧！

喪禮那天，會場入口的牆上掛滿了伯父生前的油畫和水彩畫作品，那是他人生第一次，也是最後一次的「個展」。

而現在的我，又有了另一種感觸。

那就是無論如何，都要像伯父那樣，努力找到對自己來說「無可取代」的東西，就算無法以此為職業或是賺錢，也沒有關係。

即使沒有成為自己的職業，但從年輕時就開始摸索這項莫名撼動自己靈魂的活動，並與之相伴一生——我認為，能夠藉此找到「對自己來說的〈真實〉」，就會在「設計自己的幸福」時，得到最大程度的支持。

「帶來自我充實的活動」會以什麼樣的形式實現呢？

在我嘗試從各種角度去思考時，一位女學生在我授課的大學課堂上分享了一個故事。那是她高三時去英國大約留學了一年發生的事。

聽說她在那裡留學時，不管遇到什麼樣的人，都會不約而同地問她：

「你沒事的時候喜歡做些什麼？」

「你沒事的時候喜歡做些什麼？」——這個問題讓她覺得很新鮮，但也十分困擾。

因為在此之前，她從來沒有想過：「我沒事的時候喜歡做些什麼？」她找不到答案，所以總是回答對方：「（因為高中參加管樂社，）閒暇時喜歡演奏樂器。」

雖然她這麼回答，心裡卻感到困惑。「我總覺得有哪裡不對。因為曾經是『管樂社的社員』，我認為自己應該是喜歡樂器的，所以也這麼回答。然而，我是不是〈真的〉喜歡演奏樂器，我自己也不太確定。」

結果她在英國留學期間，還是沒有弄清楚自己〈真正〉喜歡的是什麼。即便如此，這個疑問或許會讓她開始去尋找「對自己來說的〈真實〉」，並且成為幫助她的契機，讓她能憑著一己之力去擴展生命的喜悅吧！

在多方嘗試中，摸索出幸福的可能性

的確，我們偶爾會看到身邊有些人年紀輕輕就找到了「〈真心所求〉的活動」，從此一輩子視若珍寶（前述那位伯父就是其中之一）。

然而，並不是每個人都會在年少時就遇到對自己來說「無可取代」的東西。應該說，那些人其實是少數的幸運兒。

有時即使早早就開始尋找「對自己來說的〈真實〉」，也很難確定它的樣貌。

因此，許多人就會不斷地透過各種各樣的活動，試著摸索出屬於自己的「幸福」的核心。

我沒有在年輕時就遇到那個「無可取代」的東西，也無法全心投入自己的工作，反而強烈地抱著在工作之外，「盡量嘗試其他各種活動」的念頭。現在回想起來，我應該是一直在追求「能帶來自我充實的活動」吧！

年輕的時候，我曾經嘗試過許多感覺與自己身體契合的活動，像是演奏各種樂器（鋼琴、吉他及大提琴），或是學習武術和舞蹈（空手道、瑜珈及日本舞）等東洋的身體技法。

就如今看來，這些活動都跟我現在的職業沒有直接關係，但對我來說卻具有特別的意義。

也幸虧我在三十歲之前積極地做了各種嘗試，讓我即使後來遇到漫長的工作空窗期，仍有許多有趣的事可做，度過了幸福的時光。

特別是空手道，我只在高中時稍微學了幾手，之後就完全沒碰了，卻在四十歲生日前夕突然冒出「想再試試看」的衝動，於是重回道場上課，一直持續至今。

重新學習空手道的那段時期，我在工作上正好遭遇了瓶頸，體力也在慢慢衰退，內心越來越感受不到「生命的滋味」，甚至開始恐慌著「自己的人生是不是就要這樣結束了」，整個人精氣神盡失。

那時，我忽然想起自己十幾歲時非常著迷的「空手道白痴一代」[1]的世界觀，而在心裡抱持著這樣的覺悟——「我不想就這樣變成混吃等死的中年人，雖然不知道能做到什麼程度，但我想讓內心殘存的〈生命能量〉再一次死灰復燃」，於是敲開了道場的大門。

註1《空手道白痴一代》（空手バカ一代）是一九七一～一九七七年在講談社《週刊少年》連載的漫畫作品，描繪日本空手道宗師大山倍達的生平，作者為梶原一騎，曾改編為動畫、電影及電玩。

開始去道場上課之後，我的體力果然漸漸順利恢復，心情也隨之振奮。但是，後來我又因為努力過頭，不小心在對練時弄斷了阿基里斯腱，導致空手道的學習完全停擺，內心再次籠罩著「工作之外的自我充實活動已經告吹了嗎……」的絕望感。

而這一次，是民謠吉他手押尾光太郎的美麗音色拯救了我，讓我萌生用吉他來充實自我人生的欲望。

雖然我很久沒有認真彈過吉他了，但經過慢慢地努力，如今我已經恢復到可以自彈自樂的程度。吉他的音色讓我想起自己在十八、十九歲的青春尾端，即使懷抱著各種煩惱，仍執著地希望知道自己到底想成為什麼樣的人、又能夠成為什麼樣的人，那種勇於面對自己、迎向人生的純粹，它不可思議的魅力暫時除去了我心中的陰霾。

對我來說，空手道或吉他不一定是在工作之外「帶來自我充實的活動」的最終選擇，等我再年長幾歲，或許還會繼續努力嘗試不同的東西。

不斷嘗試各種能展現自我的活動，藉此深化「生命的滋味」，或許也是一種追求幸福的形式。

之所以笑得幸福，是因為懂得了和挫折共處

每個人追求幸福的具體形式，都不盡相同。

有的人或許是在全心投入工作的人生中找到幸福；有的人長久堅持某項（興趣性）活動，想從中找到幸福；還有的人透過多方面的活動摸索展現自我的可能性，藉此追求幸福。

不管用什麼方式，重點是**要試著去尋找「對自己來說的〈真實〉」。以思考的角度重新審視〈現在．這裡〉的自己，但不光停留在空想，而是試著主動出擊**。這是最可貴的地方。

採取行動，慢慢打破保護自我的外殼，就一定有機會與他人相遇，自然也得跟他人產生關連，這或許會讓很多人覺得痛苦。但是，如果不能設法克

服這種痛苦，就很難獲得「對自己來說的〈真實〉」。

想要達到這個目的，就必須擁有足以兼容**「憧憬」與「現實」**的心態，也就是妥協於自己所背負的各種「限制」（知性．身體能力、經濟狀況、居住環境、與家人的關係等各種考量），同時還能不失去內心的柔軟，保有追求幸福、深化「生命滋味」的熱情。

或許真的有人工作家庭都順利、生活十分幸福，又或是每天無憂無慮、心滿意足，至少，外表看起來是如此。

但是，**人只要活在世上，就不可能完全沒有煩惱及痛苦。**

有些人之所以能笑得那麼幸福，是因為他們找到了方法，與活在世上就必須背負的「限制」及「挫折」和平共處，同時也不放棄自己的「理想」及「憧憬」，努力朝著永不斷絕自我生機的方向前進。

為了能夠正視〈現在・這裡〉的自己所處的現實，同時深化「生命的滋味」，就必須做好**「精神準備」**，能夠保持距離、客觀地審視自己內心的軟弱（愛與他人比較、嫉妒心強、一被指摘弱點就慌亂）以及自我的價值觀。

我所說的「設計」幸福，指的就是這個意思。

3 PART

除了 自己以外，所有的人 都是「他人」

保持適度的「距離感」，是與人建立連結的必要條件。
當我們將對方視為「他人」時，
就等於意識到自己與對方是完全「不同」的存在。

一旦認為對方的價值觀及感受應該跟自己一樣，
當對方不如自己所期待的那樣回應或表現，
就會覺得對方很冷漠，並因此而「受傷」。
與其帶著對「相同」的期待去建立連結，
不如以「差異」為基礎去構築信任，
在體諒與關心中，仍尊重彼此原本的模樣，關係才會長久而順暢。

「他人」的存在，是世上最大的謎團

第一章主要是思考人類幸福的條件，也就是「帶來自我充實的活動」以及「與他人的交流」這兩個方面；第二章則探討了什麼是「帶來自我充實的活動」。

那麼，接下來就要試著思考「與他人的交流」了。

「與他人的交流」，原本就自帶麻煩和棘手的特質。

「帶來自我充實的活動」在性質上相對比較單純，只要找到喜愛的事物，然後專心提升自我能力、朝著目標奮鬥即可。當然，認清自己真正喜愛的事物，而且持續加以精進，本身就是很不容易的事，但即使扣除掉這個考量，

「與他人的交流」還是更讓人深受其擾。

「與他人的交流」到底有多麻煩、多棘手，可以從我為何覺得「帶來自我充實的活動」相對比較單純這個部分來看。

比方說，我想要彈好吉他，那麼，首先我就必須擁有吉他。吉他本身不是高價到無法負擔的樂器，當然天價的貨色也有，但若是初學者，大約二、三萬日幣就能買到。所以，只要省下一點飲料錢或通話費，就能存錢買到一把吉他。

其次，就是「練習」的工夫了。剛開始的時候，按弦的左手指尖會非常疼痛，但只要忍耐一陣子不放棄，很快就能學會按壓基本的和弦。不過，這時別高興得太早，因為接下來就會碰到F或Bm等封閉和弦這樣的難關，很多人就是無法突破這兩個初學者的最大障礙，終究放棄了吉他。但同樣地，如果願意堅持下去，不管是誰，最後一定都能學會。

像我的手掌骨架很小，所以我起初根本不認為自己能學會這種高難度的和弦指法，但是朋友鼓勵我「只要不放棄，絕對學得會」，所以我堅持了三個月，最後真的練成了。一旦突破了這道關卡，就能自彈自唱一些簡單的曲子。

又好比大學聯考，只要肯努力、不過於好高鶩遠，多半都能獲得一定的成果（當然，我也知道「只要肯努力」往往是最困難的部分）。

也就是說，「帶來自我充實的活動」主要是跟自己的競爭、對自己的挑戰，所以只要保有熱情、長久堅持，就能期待獲得某種程度的結果。

然而，「與他人的交流」就不是如此了。很多時候，即使自己付出了極大的努力，最終還是一無所獲，這就是「與他人的交流」最令人感到麻煩和棘手的地方。

最好的例子就是「戀愛」。如果是單方面喜歡什麼人，那都不成問題，最難的部分是「喜歡的人」也像自己喜歡他那樣喜歡自己。戀愛並不是「只要努力就能成功」的事，有時候過度努力還會造成反效果，讓對方避之唯恐不及。就我看來，跟喜歡的女生兩情相悅，可是要比考取第一志願不知道難上多少倍。

即使只是想尋求「連結本身所帶來的喜悅」，覺得「只要跟對方在一起就很幸福」，對方也可能完全沒有這種感覺。就算幸運地與真心喜歡的人交往，最後還修成正果結婚，自己的愛意也不一定「隨時」都會被對方接受。

就拿我來說好了，有時候我和妻子會把孩子送到爺爺奶奶家，然後一起出外購物，而每次我想牽著妻子的手，都會被她以「這樣很難走路啦！」為由無情拒絕，讓我的玻璃心碎了一地。

AQUARIUM

先不管我的悲慘故事，這裡要強調的重點是，有很多時候，「帶來自我充實的活動」要達成的前提，其實都是建立在「與他人的交流」之上。也就是說，「帶來自我充實的活動」要和「與他人的交流」（特別是「他人的認同」）順利連結，基本上才能算是完成。

以剛才的吉他為例，當我們感覺自己彈得不錯，幾乎都會產生「想要彈給什麼人聽」的欲望，也就是讓別人聆聽自己演奏的吉他，從而獲得對方的「認同」。

然而，「他人」本身就是既麻煩又棘手的存在。只要一到人前表演，經常就會因為緊張過度，連一半的實力都展現不出來；就算對方稱讚說「好好聽喔」，也無法判斷這當中有多少是出自對方的真心。

更多的時候，我們根本不知道對方是如何看待我們的想法及感覺。從這個意義上來看，「他人」的存在，對「我」來說就是世上最大的謎團。

想變得「親密」，需要有適度的「疏離」

不是「你」或「妳」，也不是「他」或「她」，「他人」這個詞，總給人一種疏離的感覺，基本上也很少出現在日常的對話裡。

例如，與「他人」十分相似的「外人」，在對話中就使用得相當頻繁。但是外人並不等同於他人。外人只是「他人」當中的一個種類，亦即「素不相識的陌生人」。如此一來，不屬於「外人」的他人——也就是「親近的他人」，這樣的說法才有可能存在。

他人這個詞所隱含的「疏離感」，在我接下來要描述的內容中，占有非常重要的地位。因為——

適度的「疏離感」，是與人們建立合宜連結的必要條件。

光是這麼說根本聽不懂？

說的也是，那麼，我們就循序漸進來解釋吧！

首先，就從「適度的疏離感」這句話開始，來說明我想傳達的意思。

一般來說，「疏離」常被視為「親密」的相反詞，帶著見外、冷漠的感覺，也就是對他人抱著戒心、不願意敞開心房，讓人聯想到非常〈冷淡〉的人際關係。

但是，我卻認為這樣的**「疏離感」**，才是加深並延續人與人之間的「親密感」及「信任度」的重要關鍵。

所以，我想藉著拋出「疏離感」這個在世人眼中帶著負面印象的詞語，對於這項社會常識提出質疑——「所謂的親密，就是隨心所欲地和對方共享想法及心情」。

再來，我們則要詳細地探討什麼是「他人」。

「他人」的定義是：**除了自己以外的所有人，都是「他人」。不僅是素不相識的陌生人，包括身邊親近的人——朋友、熟人，甚至是家人，全都是「他人」。這就是我想傳達的重點。**

至少，對於國、高中生這樣的青少年來說，經濟還遠遠不能獨立，卻已經漸漸開始思考自我的存在，此時對家人抱持著「他人」的意識，反而會讓關係順暢融洽。或許有人會覺得，將家人視為「他人」的想法有違常理，但是，家人確實也是他人，而且從這個角度去看待他們，反而更能順利地建立起親密連結，這是我的想法。

這是為什麼呢？

首先，**當我們將對方視為他人時，就代表我們意識到自己與對方是完全「不同」的存在。**

如果我們從一開始就認為身邊親近的人跟自己「一樣」，那會變得怎麼樣呢？我們會希望對方完全了解自己的想法及感受，對吧？然而，就算是父母或戀人，也幾乎不可能徹底了解或全然接受原本的你。

一旦認為自己與對方（的價值觀及感受方式）應該是一樣的，當對方不像自己所期待的那樣接受自己，就會覺得對方的態度很冷漠，因為這樣的狀況而「受傷」。

如果從「對方應該完全了解自己」的出發點去跟人建立連結，一旦對方沒有用自己想要的方式或態度去理解自己（亦即不符合自己的期望），就會覺得「為什麼明明跟我這麼親密，卻一點也不了解我！」，因而感到失望及煩躁。親子或夫妻之間的爭吵，多半都是源自這種對對方的「過度期待」。

拉開「距離」，才會看見「不同」

不過，或許有人會覺得，我這種最好將家人或朋友等「身邊親近的人」也視為「他人」的想法，是在「否定親密的感覺」，因而感到不合常理。但我想傳達的，並非是要否認親密感。

相反地，為了能與身邊親近的人建立更深刻的關係，才更需要「他人」這樣的思考角度。

無論再怎麼親密，都要將對方視為「他人」；換個方式來說，就是要去感受自己與對方的「距離」。

這裡所說的「距離」，並非單純是指被遠遠地隔開，而是有意識地保持適度的「距離感」。

十九世紀的德國社會學家、生命哲學家葛奧格．齊美爾（Georg Simmel），就提出了許多有關與他人距離的參考論述。

一旦缺乏了距離感，也就感受不到真正的「親密」。

畢竟，所謂的親密感是來自於原本應該與自己有所隔閡的存在、或是有著一些距離的存在，後來變得近在身邊的感覺。我認為，所謂的「親近」應該是這樣的意思。

但是，我也沒辦法具體地指出怎麼樣才叫做適度的「距離感」。因為每個人的性格，以及相互建立關係的實際方式，都會有所差異。但我認為，與他人保持這樣的「距離」，以及在腦海裡提醒自己要留意和他人的距離感，這兩者都是非常重要的事。

於是我們就會發現，不只是身邊親近的人，包括與自己沒有什麼交集的人，甚至是在車站前或商店街鬧區擦身而過的陌生人，我們時時刻刻都在無意識地與他人保持各種不同的距離。

即使是與身邊親近的人相處，也需要保有將他們視為「他人」的意識，而且有能力「下意識」地找到讓雙方都覺得**「舒適的距離」**，這是很重要的一點。不過，也要小心別過度聚焦在「該怎麼與對方保持距離」，否則只會感到疲憊。

我在這裡用了「下意識」這個說法，似乎給人不太可靠的感覺，但這卻是重要的心靈運作方式。在這種人際關係的判斷上，要是太過在意與對方的「距離」，就會對精神造成壓力，但如果毫不考慮對方與自己的「不同」、無視彼此需要的空間，也同樣沒辦法跟他人保持良好的關係，所以只能憑藉著自己的感受和體驗去嘗試、摸索。

什麼樣才是「舒服的家人關係」？

接著，我想更深入地去挖掘「他人」這個詞當中所隱含的細微意義。

幾年前在大學的課堂上，我曾經請學生寫下對講課內容的感想作為「期中報告」。當時有一個大二的男學生讓我至今仍印象深刻，他寫的感想大致如下（由於原來的報告在研究室搬家時已經弄丟了，所以只有加上「」的部分，是我記憶中他確實使用的句子）——

老師的講課詳細地分析了我們身邊發生的事，還有整個社會的結構和運作，非常簡單易懂，因此我每次上課都十分期待。但是，只有一個部分是我怎麼樣都「無法認同」的，那就是老師所使用的「他人」這個詞。

老師說，包括家人及朋友在內，全都是所謂的「他人」，但我實在無法認同。特別是「家人」，他們對我而言絕對不是他人。尤其是我高中二年級的妹妹，從小我就很疼她，更不可能用他人去形容她。

不過，最近妹妹讓我有點擔心，這段期間，她變得越來越「性感」，制服的裙子也變短了，我不知道已經說過她幾次。加上一直有高中男生打電話來家裡（註：當時手機還不普遍），為了「保護」她，要是我接到電話，都會警告對方「不准對她出手」。

前陣子，有個男生經常打電話給她，我擔心「妹妹會有危險」，就把對方叫出來稍微「教訓」了一下（註：這就有點過分了啊！）。

我認為，老師將家人劃歸到「他人」的範圍裡，這樣的觀點是錯誤的。

這篇報告讓我記憶猶新，至今都還時常在課堂上提到。

或許因為是哥哥對妹妹，這個情況給人的衝擊比較強烈，如果換成是爸爸對女兒，這樣的反應就很常見了。

話雖如此，我還是覺得再怎麼想，這都不能算是**「舒服的家人關係」**。

歸根究柢，就是哥哥（或爸爸）沒有將妹妹（或女兒）視為「他人」所造成的問題。

〈就如同我有自己想要實現的欲求，我也必須認同對方一樣擁有追求自我欲望的權利，是「獨立的個體」（這是「他人」一詞的核心意義）〉——我的學生徹底缺乏這種認知。

不過，「他人」這個詞確實給人一種疏離的感覺，還帶著「明明應該很親密，卻像對待外人般客氣」的意味。

那麼，該怎麼形容「不見外」的感覺呢？首先會浮現的字眼，大概就是

「自己人」了。自己人，也就是「自己的一部分」，是被劃歸在自我領域裡的人，與「他人」是完全相反的感覺。

我並不是要說，「自己人」的感覺是「錯」的，而「他人」的感覺才是「對」的。我只是認為，在「現今這個時代」，即使是家人，也需要保有將彼此視為他人的意識，才更有可能建立融洽的關係。

我之所以說「現今這個時代」，是因為〈他人意識高於自己人意識〉的思考方式，跟時代的變遷有很大的關係。

粗略地來說，現代社會的結構，已經從以往的「共同體（村落）關係」轉換成了「規則化社會關係」，這個改變深切影響了人們該以什麼樣的基本心態，去跟身邊的人建立關係。

所謂的共同體關係，說得更簡單一點，就是「村落社會」的關係。在過往的「村落」中，村民多以務農為主，經濟自給自足，不僅少有「外人」進出，村民本身也很少離開村落，可以說是「同質性」極高的社會。

在如此緊密的關係當中，沒有餘地容納「將身邊人視為他人」的想法，也沒有這樣的必要。

當然，現在已經不是那種時代了。在現今的大都市裡，不知道自己家隔壁住著誰、又是做哪種工作的人，根本是司空見慣。

在這樣的社會環境裡，「規則」就變得非常重要。

這裡所說的「規則」，就是讓關係中的人們稍微克制自己的欲望（亦即遵守規則），以便維護各自的人身安全，並確保大家都能實現自我欲望的一種手段。

「規則」，是確保欲望實現的手段

以交通規則為例[1]，為什麼我們必須遵守交通規則？誰都想早點到達目的地，就算是紅燈也不想停下來；雖然喝了酒，反正車子方便，所以還是想開車……我們身邊一定有這樣的人。

但是，如果每個人都這麼做會如何呢？自然會造成很多事故，一旦被捲入其中，自己的人身安全就會受到威脅，至於「早點到達目的地」這個目標就更不用提了。

註1 交通規則除了是經由「道路交通法」這種成文法而正當化、並被社會全體視為「公認的規則」，它的實際運用多半也需要社會成員「暗默的理解」（像是限速與實際車速的關係等）。它同時擁有社會制度的嚴密性和習慣的曖昧性，是社會規則運作實況的表現範例。

只有當大家都遵守交通規則，才能確保「安全到達目的地」這個人人都有的願望能夠實現。

那麼，如果交通規則不存在，又會變得怎麼樣？接著就來思考看看，在沒有交通規則的狀況下，要如何實現「安全、迅速到達目的地」這個願望。

首先，就是要讓自己成為與其他人完全不同的「特別的存在」。近代以來，規則化社會的原則就是「規則之下人人平等」，一旦成為「超越這項原則的存在」，自然就不需要遵守這項原則。

但是，這只有「本身就是規則」的專制君主或獨裁者才做得到，對於過著普通生活的我們來說，是完全不可能的假設。

既然成不了專制君主或獨裁者，那就只能考慮完善自身的「裝備」，以保障個人安全並達成目的了。比如說，去開發或購買一輛怎麼撞都撞不爛、如裝甲車般堅不可摧的自用車，一旦有其他車輛靠近就直接撞開。

當然，要是有能力的話，再配備讓自己通行無阻的重型武器就更好了。但是這麼一來，其他人想必也會補強同樣的裝備，馬路就會像英國哲學家湯瑪斯．霍布斯（Thomas Hobbes）所說的，變成「眾人與眾人的對戰」。

在缺乏秩序的「無法地帶」，自己或許可以為所欲為，但其他人也同樣可以為所欲為，導致所有人都陷身在欲望互相衝突、「風險」極高的狀況當中。在那裡，只有最厲害的強者才有機會實現自我的欲望，完全是「弱肉強食」的世界。

因此，所謂的「規則」，就是讓懷抱著各種欲望的多數人相互「妥協」與「包容」，同時最大限度地保障彼此都有機會自由地實現欲望，所以是一種極為重要的手段。

要制定平等的規則，需要基於以下的原則——

①對於規則的決定，所有遵守規則的人都擁有同等的決定權；

②規則之下，人人都是平等的；

③只要願意遵守一定的規則，就會被接納為這個社會的成員。

這是讓每個人都能盡量不衝撞到其他人的活動，同時還可以追求「自由活動」的知識與智慧（但是，目前的社會確實也尚未培養出這樣的共識（規則感）——「規則，是為了讓不同的人類能夠理解彼此共存並追求自由的工具」。

放下「相同」的期待，在「差異」中建構信任

在一九六〇年代的高度經濟成長期，「公司」以將員工及其家人全然納入的形式，取代傳統村落成為支持平民「同質性」的社會體系。但是，在八〇年代之後的現代，這樣的共同體社會已經完全崩塌瓦解。

地域社會不但急速流失了過往因共同生活、生產所形成的人際連結，公司也不再是終生照顧工作者及其家人的社會體系。

另一方面，即使經濟長期不景氣，消費文化仍然源源不絕地為我們提供多樣化的商品。我們的價值觀及嗜好變得越來越多元，也更無法確保鄰人及朋友都和自己有相同的想法與感覺。

簡而言之，現今的客觀狀況，讓我們對人際連結所採取的態度，不得不從原本以「同質性」為基礎的角度，轉變成以**「異質性（＝個人各自追求不同欲望的實現）**」為基礎的觀點。

所以，我認為在思考社會的變化時，以「異質性」為前提，去設想該如何建立更適切的連結，是很重要的一件事。人們**與其帶著對「相同部分」的期待去建立連結，不如以「差異部分」為基礎去構築關係與信任，追求這樣的樂趣與智慧，才是更務實的思考方式。**

話雖如此，我並不是要建議各位就此抱著「所有人都是他人，不可能心意相通」的放棄態度。不信任他人的「虛無主義」，無法創造出任何東西。

我想主張的是，我們是否有可能創造出一種「帶著關懷的關係」，是以「人各有異」為前提，從這個出發點認真地來思考，該怎麼建立彼此的「親密感」及「信任度」。

如果是「外人」這種比較容易認知的「他人」，我們會更清楚應該如何應對，反倒是朋友（特別是好友）或家人這種以親密感為基礎的關係，才是最困難的部分。

青春期過後，自己的「自我」開始萌芽生長，與家人的關係尤其會變得更難適應。父母對孩子所要求的「親子一體」的親密感，會漸漸讓孩子感到沉重。所以我認為，以「他人本質」為基礎去尋求「親密感」，或許才能讓關係順利進展（雖然實際上還是很困難）。

說到底，以**「他人本質」（＝彼此在本質上都是他人）**為基礎認知去建立與家人的親密關係，或許是最困難的事。

「家人」和其他的人際關係有何不同？

最後，我們來思考一下：

「家人」和其他的人際關係，在本質上有何不同？

我剛才提到，即使是家人或好友這樣「親近的人」，也要用「他人」的角度去看待，是很重要的事。但是，如果仔細思考，就會發現在各種親密的關係當中，「家人」其實具備其他的人際關係所沒有的獨到特徵。

一個大二的女學生，曾在我的課堂上提出了以下的想法——

「家人以外的所有人際關係，都是以互相不了解為前提，再從此變得親密，在慢慢縮短的距離當中逐漸減少〈不了解的部分〉。

但是，只有家人之間的關係，是從（自以為）對彼此（特別是父母對孩子）很了解開始出發，然後逐漸產生〈距離〉，進而才發現自己其實並不了解對方（即使親子也是如此）。

這或許就是親子關係之所以這麼艱難的原因吧？」

我聽到她的意見時，只覺得「真的就是這樣啊——」

家人以外的所有關係，都是從遠離的狀態開始接近，然後互相摸索出不會過於接近的適當距離，也就是從「遠」到「近」的向量變化。

然而，家人卻是從彼此接近的狀況出發，試著摸索出不會太遠的定點，找到既能保持距離又可維護親密關係的距離感（從「近」到「遠」的向量變化）。只不過麻煩的是，這個適當的距離會隨著孩子的發展階段不斷變化，而所謂「適當的距離感」，又會因為孩子的人格特質出現不同的解讀。

這就是為何「明明家人之間十分親密，關係卻如此艱難」的最大主因。

特別是父母對「自己的孩子」往往擁有強烈的意識，常將孩子當成「自己的所有物」。但是，孩子會隨著成長開始產生「自我意識」，對父母來說，就是變成了「他人」；而對孩子來說，父母也漸漸變成「不是100%了解自己」，就這個意義來說，也會被認為是「他人」。

在這裡，我們要藉由**「作為〈他人〉的親密感」**這個關鍵詞，進一步思考從孩子的青春期開始變化的親子關係。

一個大學一年級的男生，曾以「與他人的距離」為主題，寫出了以下的報告。據說，在他小學高年級的時候，曾經在吃晚飯時說了「就算家人也是外人啊」，結果被母親痛罵了一頓，訓斥他「不准說這種蠢話」。當時，他雖然認為「我的這種想法果然還是錯了吧」，卻怎麼都消除不了這個念頭，就這樣一直「殘留」在自己的內心深處。

他是這麼說的：「如果那個時候，我不是用『外人』，而是用『他人』

來說明，或許就能更清楚地表達自己的想法了。因為我覺得，家人或許不是『外人』，但仍然還是『他人』……」

他想表達的是，即使是父母與孩子，也擁有各自不同的想法及感受，所以希望對方能慢慢地接受、了解自己。

但是，他的母親卻被「外人」這個詞所隱含的「疏離感」或「不親密」等微妙意義引發了過度反應，以致於沒有確實理解他說這句話的真意（＝我不是要否定家人在情感上的連結，只是希望你能接受身為孩子的我也有自己的價值觀及思考方式）。（當然，那時才是小學生的他，本來就還沒有能力更有條理地表達自己的想法，難免會說不清楚）。

孩子有著從父母所創造的家庭中慢慢脫離出去、創造自我世界的〈自立願望〉；父母則大多抱持忍不住想讓孩子永遠棲息在自己羽翼之下的〈保護欲望〉。親子之間的想法，或許從根本上就產生了落差。

養育，是讓孩子得以自力更生的過程

「青春期」經常被叫做「反抗期」，對吧？

在此之前一直被圈在父母價值觀當中生活的孩子，會從此時開始主張自己及其朋友群的價值觀及行為。他們對語言的運用還沒有那麼成熟，所以可能會直接以身體來主張自我（對父母或周遭的人口出惡言、動作粗暴等）。他們透過身體所要表達的訊息，大概就是「承認我是（與父母不同，作為獨立人類的另一個）『他人』」這件事。

身為父母，確實會對孩子這樣的表現困惑不已，這也是沒辦法的事。

他們被孩子小時候的可愛記憶擾亂了思緒，不知道該如何應對孩子在長大成人的過程中所展現的粗暴自我主張，因而覺得「我的孩子以前明明那麼可愛，現在怎麼變成這樣？」

然而，一旦父母過於震驚，也跟著「反抗」自己處於反抗期的孩子，將會使家中原本擁有的親密連結就此崩壞。

為了讓準備自立的孩子不對自己失去最基本的信賴感及安心感，就需要不斷為彼此的連結抹上「潤滑劑」（例如，對他展現「我始終都會信任你」這樣的愛），同時要累積基礎，在親子之間慢慢建立起「作為〈他人〉的親密感」。這種準備十分重要，而且與「溺愛」完全不同。

身為大人的父母，在面對反抗期的孩子時，要展現出有能力支持彼此親密關係的成熟態度。這個時期的孩子在精神上缺乏餘裕，只會直接將情緒發洩在父母身上，但是等到他們長大成人，有餘裕稍微冷靜地重新審視自己與父母的關係時，或許就能對父母產生「作為〈他人〉的親密感」。

當孩子處於嬰幼兒時期，包括身體狀況都完全包容的「疼愛」是非常重要的。英國社會學家安東尼．紀登斯認為，幼兒會從雙親及周遭成人對自己的疼愛獲得「本體安全感」（信任他人和消除焦慮），並且在其成長之後成為自立的核心。

而困難的部分就在於，只有疼愛是不夠的。隨著孩子的成長，父母需要一步步調整自己與孩子的距離，再慢慢保持適當的距離。不同於火箭在發射升空後就會立刻拋棄燃料箱，**父母作為孩子「生命能量」的燃料，則必須配合孩子成長的階段，逐漸在身體上、精神上與他們分離，進而以「守護」的立場，幫助他們去充實自己的生命能量。**

簡單地說，我認為養育孩子，就是「父母用心盡力，讓孩子得以自力更生」的過程。

與孩子分離總是會讓父母心懷擔憂，這些乍看之下似乎會成為阻礙的關心，卻也是養育孩子不可或缺的基礎。

就青春期之後的親子關係來說，「孩子該如何脫離父母自立」這個觀點固然很重要，但在我成為父母之後，更發覺到「父母該如何幫助孩子自立」也很重要（雖然兩者都很困難）。

因此，父母如何在「因為疼愛孩子，所以要縮短距離」的向量以及「孩子不願依賴父母、想獨力生活，從而要拉開距離」的向量之間，取得適當的平衡，並且慢慢改變自己對孩子的態度，就變得至關緊要了。

而孩子在度過青春期之後，也需要放下對父母的過度期望，不去企求他們完全理解及體會自己的感覺，與父母保持適當的距離及相對化的關係。

為此，「他人本質」就掌握著關鍵性的作用。

雖然不是「外人」，也要認同彼此是「他人」

那麼，「夫妻」之間呢？

夫妻不同於有血緣關係的親子，是兩個原本毫無關係的外人共同生活在一起，從而展開彼此的關係。因此，這當中首先需要的就是「想和這個人一起走過漫長人生」的信賴感及安心感。

「蜜月期」象徵著生活與性愛的密切結合，讓兩人得以建立超越親子的親密關係。但是，如果一對結婚的男女認為，理想的夫妻關係就是必須急速地縮短彼此的距離，並一直持續零距離的狀況，或是認為所謂的親密就是零距離的關係，那麼，這段婚姻大概就不會長久了。

想維持良好並長久的夫妻關係，在度過渴望縮短距離的蜜月期之後，就一定要轉移到開始摸索彼此間適當距離的時期（或許應該稱為結婚的「安定期」？）。如果沒有在這時找出保持適當距離的方式，就很可能會在未來親身驗證「夫妻終究是外人」這種冷冰冰的關係。

也是在這個時期，才讓人理解到「伴侶」兩個字的重量。「伴侶意識」能幫助雙方尊重彼此原本的模樣，體會到一個人時所無法領略的滋味，是構築良好夫妻關係的智慧。如果只將「夫妻是彼此的伴侶」這句話單純視為類似「男女平等」的口號，那也未免太過寂寥了。

保有**體諒**與**關心**的親密感，同時維持舒適的距離感（尊重彼此的「他人本質」），努力延續雙方的關係——我認為，這就是夫妻之間「伴侶關係」的核心。

雖然不是「外人」，但是認同彼此屬於「他人」的本質，同時保有相互之間的「親密感」，這是現在的人們應該追求的家庭形式。

比起過去那種建立在「同質性」之上，完全不允許不同思考與感受的親密，即使彼此的思考與感受各有差異，但仍能保持家人之間相互關懷的信賴感及安心感，才是「作為〈他人〉的親密感」所蘊含的真意。

基本上，不只是家人，對待親近的好友、或是可以信任的熟人，這都是很重要的觀念。

為了培養親密感、信賴感及安心感，需要尊重彼此的「他人本質」，這也是「作為〈他人〉的親密感」如此重要的原因。我認為，現今這個時代強烈追求的就是這種感覺。

4 PART

如何讓自己 融入 這個疏離的「社會」?

「社會」有著如對照鏡般的正、反兩面特質，
既讓我們與他人維持連結，並且確認人生的可能性，
又為我們造成了某些束縛和限制。

然而，「社會」乍看之下就如岩石般不可動搖，
實際上它很可能正在動搖，我們也有力量可以動搖它。
重要的不是去追求天翻地覆的革命，
而是知道我們生活其中的社會「總是在改變」，
同時不失去盡力往更好的方向改變的「希望」，
與周遭的世界更認真一點地溝通，漸漸感受社會與自身的連結。

「社會」給予的是支持，還是限制？

在此之前，我一直盡量避免使用「社會」這個詞，但是，在理解幸福的條件時，其實無法不去思考關於「社會」的許多面向。

畢竟，無論是「帶來自我充實的活動」或「與他人的交流」，最終都會與「社會」產生關連，或者需要在「社會」當中去尋求。

我想，沒有人不知道「社會」這兩個字吧？但如果認真地問道「什麼是社會？」，或許大多數的人當下都會不知所措。

寫著寫著，我突然浮現一個疑問。

思考「什麼是社會」，是那麼特別的事嗎？

現在才做自我介紹或許有些遲了，我是一個在大學教授「社會學」的老師。對於已經和社會學打交道超過二十年的我來說，思考與社會相關的各種事物，不僅是我的工作，更是極其自然的事。

但是，對於大部分過著普通生活的人來說，這恐怕就不是那麼自然了。各位在與朋友或家人等親近的人聊天時，曾經談論過幾次「社會」呢？這兩個字基本上就是屬於「誰都知道，卻極少使用」的用語代表。

那麼，在生活中對社會極為關注的又是哪些人呢？

可能是每天觀看公共電視台晨間新聞或民營電視台晚間新聞的人；也可能是經常在搜尋有什麼主題可以「投書」媒體的人——這些人說存在也確實存在。不過，我身邊倒沒有這樣的人，更不用說近來連看報、讀新聞的學生都大幅減少，即使訂閱了，大多數人好像也不會「每天都看」（說真的有點浪費）。嗯，畢竟學生也是有很多事要忙的嘛！

像我這種連看個電視劇或電影都會去思考關於「社會」各種面向的人，只能說是職業病了。

不過啊，我認為在大多數人的心中，對「社會」一定還是有著某些籠統的印象。這個印象在我們想要與身邊的世界建立連結時，意外地具有重大的影響力。

所以，我希望各位能自行思考一下剛才的「提問」：

「社會到底是什麼？」

「我們什麼時候會感受到社會的存在？」

就算再籠統，各位心中也一定對社會抱持著某種印象，這很可能會對自己的行為表現發揮很大的作用。

對「社會」可能的印象之一：

我認為，有人一聽到「社會」這兩個字，就會浮現充滿束縛又憋悶的感覺。或者應該說是「壓抑感」？

也就是被迫要遵守既定的規則，或必須克制自己的欲望去迎合別人——有些人會敏感地察覺到「社會」這個詞當中所隱含的這些意味。

對於這些人來說，社會不過就是限制眾人自由的高壓體制，只有脫離社會，才能真正地實現自我、獲得自由。

日本早逝的傳奇歌手尾崎豐，就將這種情緒表現得淋漓盡致。

尾崎豐至今仍深受歌迷喜愛，在我心中，他也是一位了不起的歌手。只不過，他一直用盡全身力氣去拒絕「成人的社會」，讓他即使長大成人，還是無法好好地活下去。

在十幾歲的青春年華結束前，或許可以一直保有這種反抗社會的情緒，但所謂的「活著」，就是無論我們願不願意，總有一天都必須「變成大人」。如果始終對「成人社會」心懷抗拒，被這樣的情緒主導生活，就只會剩下無止盡的痛苦了。

對「社會」可能的印象之二：

社會是支撐我們生活的根本，因為有它存在，我們才能安心度日——有些人對社會是抱著類似這樣的印象，完全沒有窘迫或疏離的感覺。

我覺得，他們一定擁有溫暖的家庭，也度過了非常愉快的學生生活。我和學生聊天的時候，當中確實有人對社會抱持這樣的印象，不過他們算是少數派就是了。

對「社會」可能的印象之三：

有些人對社會的印象大概介於前述的兩者之間。

「社會在支撐我們活下去的同時，也限制、掌控了我們的行為及欲求。人一旦脫離社會就無法活著，因此，想在社會中生存下去，就必須忍耐很多事，往往也無法隨心所欲。」

每當遇到有這種想法的人，都會讓我不禁佩服，他們「對社會的理解真的很透徹」。

「社會」是我們與外界的「連結網絡」

上述的每一個答案都是回答者真實的感受，因此沒有所謂的對或錯。

但是，如果最後的結論是「大家說得都對，很好很好」，那就實在太無趣了。這是一種「相對主義」的態度（認為觀點沒有是非優劣之分，只有因立場不同、條件差異而相互對立的狀態），如果過於極端，就會發展成「我是我，別人是別人，大家想做什麼就做什麼好了」，只會讓關係衝突不斷。

而對於「什麼是社會」，也會變成「每個人的想法都不一樣，誰都不能說自己是對的，所以再思考下去也是徒勞」的狀況。

有別於此，我想要試著探討的則是，我們可以用哪種形式深入地去思考「社會」，一方面與包圍自己的世界達成某種妥協，同時在不失去自我的情況下，順利提取出「生命的滋味」。

我認為，對於社會的認知，應該有一種更明確、更具體的形象才對。

那麼，我就試著從我的思考角度來說明。

「社會」對我來說，就是一個能讓自己與他人維持連結，同時又能確認自我人生可能性的地方。

不過，我也認為「社會」確實如「對照鏡」般擁有正、反兩面的特質，它既束縛、限制了我們的人生，同時也給我們的人生帶來支持（跟前述第三種的印象很接近）。

我所感受到的這兩種特質，很多人或許都有共鳴，特別是正開始摸索自我想法及生活方式的十多歲青少年，往往對社會所形成的「束縛及限制」都非常敏感（至少我在青少年時期就是如此）。

對他們來說，「社會」就像是某種阻擋在自己面前的龐然大物，或是把自己及其他人類當成零件看待的冰冷巨型裝置。德國社會學家馬克斯・韋伯（Max Weber），就把「社會」隱含的這種壓抑特質，稱為「鐵的牢籠」（the iron cage）。

那麼，如果我們將社會理解為〈現在・這裡〉所擴展出去的人際**「連結網絡」**呢？從「連結網絡」的角度重新審視，應該就會看到社會與他人支持我們保有自我生活方式的那一面。

不必對社會抱持完全否定的印象，就算是為了釐清社會的哪些性質會束縛並限制我們的生活，我也認為每個人都需要思考並重視，自己該與社會（以及他人）維持何種方式的連結。

「社會」限制了欲望，但也提供了展望

接下來要探討的問題是「我們什麼時候會感受到社會的存在？」。

當我們在思考自己與家人、自己與公司同事的關係，或者一邊開車、一邊還得注意交通規則，以及必須針對許多看不見的規則及制度多方考量……總之，在我們開始思考並感受到他人、規則、制度之類的相關事物時，就是在感受「社會」的存在。

大概就是這樣吧。當然，如果我能把社會的本質解釋得更簡單一點就好了。回過頭想想，我真的是生活在一個特別親近「社會」的地方，畢竟我是「社會學者」嘛！不過啊，各位或許在日常生活中沒有特別意識到「什麼是社會」，但是在內心某處必定〈介意〉著它的存在。

舉例來說，像是升大學或找工作等必須決定「未來規劃」的狀況。這個時候，先不管是否意識到「社會」本身，但至少能意識到「類似於社會的存在」吧！不是還有「社會人」這種說法嗎？

用別的方式來解釋「社會」，最適合的說法就是「規則」或「制度」。所謂的規則，就是協調複數人類行為的規定及準則，而制度則是由複數規則所構成的體系。因此，**社會就是規則的集合體，進而形成制度，影響我們的生活**。

雖然常聽到「我們是〈自由〉的存在」，或「應該是〈自由〉的存在」這種說法，事實上，卻沒有人真的可以隨心所欲。

再怎麼急著飆機車去見女朋友，看到紅綠燈還是要遵守它的規則，綠燈就前進（不是「往前衝」，而是在可允許的情況下前進），紅燈就停下，黃燈……嗯？黃燈應該怎麼樣呢？

在我的認知裡，黃燈一直是〈小心前進〉的意思，最近倒是不確定了。照我岳父的說法，黃燈現在代表的是「YELLOW STOP」，也就是「小心停下」之意，他是個非常謹慎的安全駕駛。

總而言之，就是必須遵守交通規則。

交通規則是讓我們親身體驗到人類如何創造社會，並且生活在其中的最佳素材。一旦破壞交通規則，就會因為違規而受罰，處罰的根據則是「道路交通法」。交通規則的存在，背後有著一套複雜的法規制度作為支撐，而我們終究還是得靠交通規則的「束縛」，才能放心、安全地到達目的地。

或者，各位想從事某一項對社會有幫助的工作，比如說直接與人類性命相關的「醫師」好了。想要成為醫師，就必須遵守考進醫學院、歷經數年專業訓練，再參加國家考試獲得醫師執照的社會「規則」。就算自己在醫學院的成績非常優秀、實力也媲美專業醫師，只要沒有考取「醫師執照」，就不會被准許在社會上從事任何醫療行為。

以「怪醫黑傑克」為例，無論他的外科醫術多麼高超，他對病人的「性命」又有如何強烈的執著，只要沒有醫師執照，他就永遠無法浮上檯面，在慣常的社會中活躍。

人們欲望的走向，往往會被社會規則的集合體——也就是「社會制度」所左右。這些制度為我們的真實欲望加諸了各種〈限制及界限〉，讓我們活得憋悶而難以施展。

但是仔細想想，社會之所以能控制人們欲望的走向，也是因為我們可以藉此擁有讓自我欲望具體成形的〈展望〉。「想要成為醫師，就必須進入醫學院並通過國家考試」，這樣的社會制度，讓我們更容易設定「我一定要努力考進醫學院」的人生目標。

我們也有可以動搖「社會」的力量

對於「自己想做什麼」等自我欲望足夠了解的人，大多能在剛才提到的「自己與社會的互動網絡」上，取得良好及明確的聯繫。

清楚知道自己想做什麼的「強者」，對自己與社會的連結有著明確的自我理解，所以能確實地訂定人生目標，還能以強大的意志持續執行。

但是啊，生活在現代的我們，似乎多半都不知道自己真正想做什麼。

許多無法具體了解自我欲望的人，只得背負起自身的「弱點」。當他們無法與社會順利連結，就會不知道要怎麼讓自己的欲望具體成形，也不懂自己真正想做什麼、該朝哪個方向努力，於是經常會被指責是「意志薄弱」。

即使「想做這個、想完成那個」，卻又沒有足夠的毅力，遇到一點困難就立刻放棄，也很難靠一己之力做出判斷。

一般來說，這樣的狀況都會被歸咎於「這個人本身的個性問題」，父母或老師這些所謂的大人可能會說是「你不夠努力、沒有韌性」，你自己或許也會認為「我很糟糕、缺乏堅持的毅力」。

然而，還是有些時候，不能單純歸咎為「這個人本身的個性問題」。作為「〈生命條件〉的社會」常會製造出讓人難以堅持下去的狀況，比如社會規則因為明顯的不公平、不公正而變得扭曲。

像之前提過的「醫師」，如果醫師的選拔不再以能力及資質為標準，而是以「捐獻多少錢」來決定入學的資格，社會規則就完全失去了公正性。因此，社會規則及制度的公正性，必須時刻接受社會成員的監督才行。

還有一個務必要提到的重點，就是「社會總是不斷在變化」這個事實。以我們熟悉的身邊事為例，戰後數十年，日本人的言行舉止都有了顯著的變化。以數年為單位或許還看不太出來，但如果去觀賞一九五〇年代的名片（黑澤明導演的《生之慾》或小津安二郎導演的眾多作品），就會發現日本人所使用的言詞、待人接物的方式及態度，都在不知不覺中改變了許多。演員們說話時的抑揚頓挫、展現出來的身姿動作，與現在電視劇中活躍的演員們完全不同。這些電影反映了這數十年間，我們在現實生活中的溝通節奏、速度及內容，已經發生很大的差異。

另一方面，我們再將視點轉移到「時代的洪流」這個更寬廣的格局。日本社會確實在各方面都有著尚待解決的問題，但是，若從更巨大的時代洪流來觀察，例如我們國家在這一百五十年間整體的進步，就會知道社會是朝著成熟的方向變化。

大約一百年前，也就是明治三十、四十年代的平民，他們能夠擁有多少活動及表現的自由？他們能對國家體制及經濟體系提出異議嗎？現在的我們能過著想說什麼就說什麼，想看哪部電影就隨時能看的「自由生活」，是經過了近代歷史中眾多先人的幾番奮鬥，才爭取而來的成果。

再舉一個身邊的例子。日本的道路交通法修正之後，加強了對酒駕及無照駕駛等危險行為的懲罰，這是受害者家屬透過連署等一步步的努力，取得了輿論支持，進而對相關機構發揮重大影響力所造就的結果。從這裡可以窺見，即使身為一般人，我們對「不合理的狀況」所發出的聲音，在現實中已經變得越來越有力量。

總之，我想說的是，「社會」乍看之下就像岩石般不可動搖，但實際上它很可能正在動搖，我們也有力量可以動搖它。

對現在的我們來說，重要的不是去追求「革命」這種天翻地覆的變革，**而是需要知道我們生活其中的社會是會「改變」的，同時不失去盡力往更好的方向改變的「希望」，才能讓自己及身邊的人過得更「幸福」一點。**

因此，所謂的「改變」，在我的想像裡，是更認真一點地去審視自己與周遭人們的溝通方式，努力對他人及社會敞開心房，也就是慢慢摸索出思考的方向，讓自己與社會產生連結。

試著從「連結網絡」的角度，去看待「社會」吧！

這麼一來，就會知道「社會」並不是完全不可動搖的。

迄今為止一直讓自己覺得疏離的「社會」，我們或許也會慢慢感受到它與自身生活的連結。

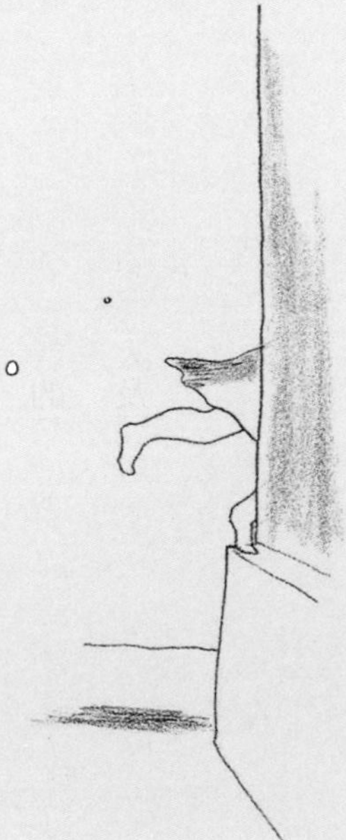

PART 5

接受自我的 脆弱，再 往前跨出一步就好

纖細的內心有著高標準的自我理想，敏感又容易受傷。
但是，或許也不必徹底改變這樣的自己，
過度的自我否定跟過度減肥一樣，對身心都無益。

努力接受自己的脆弱，
然後溫柔地鼓勵自己「再往前踏出一步」就好。
沒有人的人生是不會受傷的，
但我們可以在與他人慢慢建立關係的過程中，
放下「他人應該用我想要的方式看待我」的過度期待，
學會做好精神準備，讓自己不再因為害怕而從關係中退縮。

多變的時代，不安定的自我

前面針對「幸福」、「連結」、「他人」還有「社會」等關鍵字已經進行了各方面的探討。為了能夠好好面對自己，認真去思考自己與周遭世界的關係，就變成很重要的事。

只是，為什麼需要這麼詳細地去釐清這些問題呢？

那是因為，我們現今所生活的時代，每一個人對於「生命的實感」已經無法與「社會」、「他人」這些周遭的世界直接連結起來了。

人只有在清楚感覺到自己與周邊圍繞的世界之間存在著連結，才會獲得動力及能量。

在過去的時代，人們能透過「為了國家」、「為了讓全體社會變得更好」或「靠著一己之力讓世界更進步」的方式，將社會與自己直接連結起來。然而，現在已經不是如此。

現今的時代，每個人的自我似乎都處在一種非常「不安定」的狀態。

現在的年輕人經常被批評自我太過「軟弱」；相對地，明治時期（西元一八六八～一九一二年）的人們則經常被讚賞擁有「強大」的自我。

然而，自我似乎不是單純用「強」或「弱」就能充分定義的事。我們或許需要更深入地去理解人類所謂的自我。

那麼，世間一般所說的「強大的自我」，到底是指什麼呢？

我想，應該是為了實現自己的欲求，而能嚴格地「自我控制」，同時也不會對自己與他人的關係過度煩惱的特質吧！

具備能夠貫徹自我意志的強大，這確實很重要，但是大多數這樣的人，對人類內心的情緒變化及自己周邊的狀況，感受力通常都比較「遲鈍」。

那麼，「脆弱的自我」又是什麼感覺呢？

一般來說，「脆弱的自我」大多隱含著意志薄弱，或是不太可靠等否定的意味，換成以英語來說就是 vulnerable。

從我的角度來看，其實**不能單單說現在的年輕人是 vulnerable，他們的自我雖然容易受傷，但也有相對來說感受性非常強烈，也就是 sensitive（感性）的部分。**

因此，為了讓這個部分有更好的發揮，也為了保護感受性強烈的內心，就更需要有智慧地釐清（做好知性的準備）自己與他人、社會的連結。

「纖細的內心」。

我試著這樣描述 sensitive 的自我。擁有「纖細的內心」的人，對「自我理想」有很高的期望，在實現自我能力及建立人際關係上，所要求的標準都很高，因此反而容易受傷。他們對於自己與他人的連結也很敏感，內心總是抱著「不應該是這樣」的困惑——這是我對他們的印象。

在這裡先彙整一下，大概是這樣的感覺：

◎強大的自我→自我控制力很強，能夠朝著目標合理地採取行動。

◎脆弱的自我→擁有容易受傷及纖細的內心。

纖細的內心，有著高標準的自我理想

再具體地思考一下。

首先，強大的自我是「自我欲求實現型．自律型」的人。

- 能訂定自己想要完成的目標，然後堅定地朝著目標持續累積成果。
- 不會被旁人的眼光及世間的變遷影響，堅持自我的價值觀及信念。
- 想被人認為自己「能夠堅持自我」（但有點固執）。

大概是這種感覺吧！

「強大的自我」在我心目中的形象，就是《魯賓遜漂流記》的主角魯賓遜．克魯索。魯賓遜因為船難漂流到荒島，他想盡辦法將貯藏的物資從擱淺的船中搬出來，辛苦地親手打造小屋，並養殖山羊、開拓荒地種植小麥，努力讓自己回到正軌，我記得他應該在無人島上生活了將近三十年。他這種極為自律，不讓自我欲望所左右的理性態度，被推崇是遵守規則的「近代人」的原型。

在近代初期，「理性」成為新的精神指標，取代了過去的「神」。原本的身分階級制度瓦解，人們獲得了活動的自由，與此同時，他們也失去了保護自己的共同體秩序，進入了「自己的事自己決定」、「自己管理自己」等要求遵守理性規範的時代。而活動的自由一旦沒掌控好，就會出現「布里丹之驢」[1]的後果。

然而，隨著時代的遷移，「現代」的狀況已經完全不同了。

在社會學的分野裡，日本人的生活方式從一九六〇年代的高度經濟成長期開始有了急速的變化，「現代的狀況」則是自一九八〇年代之後，徹底影響了整個社會。

這個「現代的狀況」，借用社會學家見田宗介的說法，是由「高度消費化社會」的到來所導致。所有的東西及服務都可以用金錢買到，街上充斥著各種商品，人們的欲望目標從過去「滿足最低限度的衣食住」等基本的生存需求，轉為透過追求符合自我美感的物品及生活方式，來滿足「做自己」和「舒適愉悅」的需求。

簡單來說，人們心靈的重心已經從〈理性與倫理〉，確實轉向了〈感性與對美的直覺〉（雖然不像泡沫經濟時期那樣極端，但這個傾向從一九九〇年代泡沫經濟崩壞開始，至今基本上都沒有改變）。

註1 布里丹之驢（Buridan's ass）是以十四世紀法國哲學家布里丹命名的悖論，一隻完全理性的驢處在兩堆等量、等質的乾草中間將會餓死，因為牠無法對該吃哪一堆乾草做出理性的決定，也被稱為「布里丹效應」，代表決策時猶豫不決、難以底定的現象。

在時代變化的洪流下，自我的存在方式可以說也跟著改變了。人們不再追求「道理」，也不再推崇「捨己為公」這種大義情懷，而是更重視自己的私人世界，將關注的重心放在使自己與周遭人們的關係更加愉悅，以及追求讓生命更有滋味的物品或時尚之上，這樣的自我取得了主導權。

然而，這樣的自我卻被視為是「脆弱」的。

那麼，**脆弱的自我應該是怎麼樣的呢？**

我的想法是**「擁有高標準的自我理想，內心纖細又容易受傷的類型」**。

以下就舉幾個隨意想到的概念來說明吧。

我首先想到的是：

・總是不自覺地追求不存在於〈現在・這裡〉的「真正的我」。

其他還有很多，像是：

- 沒辦法按部就班去做自己原本想做或之前計畫好的事。
- 對自己應該做什麼或喜歡做什麼，沒有清楚的答案。
- 自我肯定感低下，對理想的自己與現實的自己之間的落差感到煩惱。
- 一味地追求完全適合自己、或對自己來說完美的事物，但又不知道那是什麼，因此陷入困境。
- 對於「與他人連結」這件事，總是感到些許「疲累」。
- 總是不經意地過度期待他人能「像這樣看自己」。

「纖細」的自我，是由不需要為了「活著」（最基本的生存）而費盡心思的「富饒社會」所形成的存在方式。經歷過戰爭，或是體驗過戰後饑荒危機的人，他們所處的時代讓他們必須對「活著」抱持強大的意志，否則很可能會隨時失去性命。因此，當時的所有人都必須「強大」，事實上，他們也的確很「強大」。

但是，在進入高度經濟成長期之後，人們急速失去了那種「朝不保夕」的緊張感，取而代之的是想要盡情享受當下、活得更輕鬆自在的人生態度。

我們不再需要「明天的糧食在哪裡」這種「對生存的急迫感」，於是，與周遭人們的往來，以及人們怎麼看待自己的**「對連結的緊張感」**就成為生活的重心，也因此形成了一旦行為出現些許差錯，或是人際關係上發生一點小磨擦，就立刻受到傷害的「纖細的內心」。

有必要徹底改變現在的自己嗎？

但是，我實在無法就這樣完全否定「纖細的內心」。

畢竟，強大的意志有時也代表會忽視周遭他人的需求（類似我們對獨裁型經營者的印象），而自我主張不強烈、溫順隨和的人，對待他人也更為溫柔，能夠敏銳地察覺到他人的脆弱。

而且，我覺得**擁有「脆弱的自我」的人，本身才是最痛苦的**。當他們遇見敢於釋放自我欲望、強烈表達自我主張的人，心中難免會想著「為什麼我就做不到？」。我也是這樣，只要我開始優柔寡斷，或是搞砸事情後東拉西扯地後悔或抱怨，妻子就會罵我「不要只會發牢騷，做事乾脆一點」（其實她很可愛的，就是兇起來有點可怕），這時我就會懊惱地想：「唉，如果我能更強悍一點，更果斷地處理事情或是跟別人的關係就好了。」

但是，隨著年歲增長，我倒是慢慢覺得，**或許不要一直想著徹底改變現在的自己比較好。過度的自我否定跟過度的減肥一樣，對身心都無益。**

當然，希望自己比現在更好，這樣的願望是「好」的，但如果想要完全改變自己，那就不妙了。例如曾經引發社會爭議的「人格改造課程」，就是源自於想要改變自己、甚至打掉重練的極端想法，不但花費驚人，最後還會因為無法完全改變自己（包括本身的環境等），而深陷絕望之中。

那麼，應該從哪個角度去思考比較好呢？

雖然很難用三言兩語解釋清楚，但我會盡力用我的方式說明看看。

首先最基本的，就是承認「容易受傷」是屬於自己的一部分。**不是去指責「自己這樣很糟糕」，而要接受「這就是自己」**，這是最重要的第一步。

既然需要「刻意」去接受這件事，就代表我們其實非常不滿意〈現在・這裡〉的自己，所以，「刻意」接受現在的自己並不是對自己的縱容，而是必須保有的一種心態。

不過啊，雖然在陷入低潮的時候，坦承自己的脆弱是很重要的，但人原本就是很難停留在原地的生物，只要稍微恢復一點元氣，就會忍不住想去追求更好的自己。

接下來就是重點了，在稍微恢復元氣後，要用什麼方式重新「出發」，去接觸他人及社會呢？如果就此莽撞地去追求「與過去完全不同的自己」，只會讓之前接受「自己原本的脆弱」時所積蓄起來的能量，迅速消耗一空。所以，我覺得比較適合的做法是，努力接受脆弱的自己，然後慢慢地鼓勵自己「再往前踏出一步」就好。

自我會受傷，但也會慢慢學著更堅強

人的「自我」，到底是什麼模樣呢？

這陣子，我一直在思考這個問題。

第一個想法是一顆像雞蛋般的圓球。容易受傷的自我，就像被包裹在薄殼裡的蛋黃一樣，如果一心只想著立刻變強，就直接把雞蛋丟到滾水裡咕嘟咕嘟地煮，想把軟軟的蛋黃在短時間內煮得硬梆梆，這樣的急切不但會讓蛋殼裂開，也會把蛋黃煮壞。

所以，不需要這麼急。自我其實可以像略微凝固的半熟蛋黃，外面覆蓋著一層保護的皮膜，這層皮膜不像蛋殼那樣只是看起來堅硬，實際上又薄又脆弱，而是像鼻炎藥膠囊的外殼那樣柔軟有彈性，雖然一捏就變形，卻沒那麼容易漏出裡面的東西，結構十分強韌（可能是我本身喜歡半熟蛋及ＱＱ軟糖，所以才出現這種想像吧？）。

從自我的脆弱開始出發。但是，不要被這份脆弱所束縛，否則只會在描繪「幸福的設計圖」時給自己造成不小的阻礙。真的撐不下去時，確實需要「毫無保留地接受」自己原本的脆弱，但是，在稍微恢復一點元氣後，還是要試著走出去，慢慢回到讓自己與他人、社會重新取得連結的地方，這也是很重要的。

只不過，這樣的嘗試還是會讓人受傷吧！

然而，有些事情是可以隨著年齡增長慢慢學會的。只要內心深處存在著「與他人的連結能讓〈生命的滋味〉更加深厚」的想法，或許就能為容易受傷的自己培養出與之抗衡的〈耐受力〉。

沒錯，這裡的關鍵字就是——〈**耐受力**〉。

前幾天，我無意間聽見女兒在唸課本，聽著聽著，突然發現那是一個讓人印象深刻的故事。我女兒唸的是知名童書作家宮川廣所寫的《澤田同學的痣》。

故事主角澤田富子留了很長的瀏海，甚至「長到遮住整個鼻子」。擔任班導的木村老師知道那是因為她的額頭中間長了一顆很大的黑痣，也知道她被班上男生取笑是「大佛」，因此十分受傷。

某天，木村老師當著全班同學的面前說，其實澤田並不喜歡大家說她是「大佛」，還因為這樣留了很長的瀏海，即使再不舒服，也不敢把瀏海撩起來。老師說著說著眼眶就紅了。

班上同學本來也沒有惡意，只是「隨口」取笑她而已，所以就跟老師約定好，再也不取笑她是「大佛」了。

兩、三天後的午休時間，之前最會取笑富子的光男，因為爬樓梯一次踩兩階被富子提醒了，他一時忍不住就回嘴說：「少囉嗦，你這個大佛！」

才一說完，他就知道自己說錯話，立刻捂住嘴巴，但是已經來不及了。

富子露出難過的表情，接著卻說出令人意想不到的話。

「大佛就大佛，那你過來拜我啊！」

這時的澤田同學，不再是過去那個用瀏海來遮住黑痣的可憐女孩，當光男用「大佛」來攻擊她時，她的內心已經養成了敢用「大佛就大佛，那你過來拜我啊！」來反擊的〈耐受力〉。

看到這裡，你們一定認為：「啊啊，澤田同學變堅強了。」

但是，故事到這裡還沒結束，文章的結尾是這麼寫的。

「富子緊緊閉上眼睛，眼角流下了兩行細細的淚水。」

沒錯，澤田同學仍然受到了傷害，她的自我並沒有突然就從「脆弱」變得「強大」。她只是在努力接受額上的黑痣，讓自己不至於因為害怕，而從自己與他人的關係中退縮，也就是說，她才正走在慢慢培養自我〈耐受力〉的半路上。

不過，等到她終於長大成人，一定會是一個能理解他人痛苦，同時擁有堅強自我的優秀女性吧！我是這麼認為的。

他人不會「用你想要的方式看待你」

「他人」最可怕的地方，就是他們會不經過「我」的許可，便隨意論斷「你是這樣的人」。也就是說，「他人」會在「我」未許可的情況下，隨意將我「標籤化」。

他人不會理會你「希望可以這樣看我」的期待，只會照自己的想法議論或行動。這一點大家務必要記得。

來說說我妻子的故事吧。

前陣子，她和高中時的家教老師久違地聯繫上了，聊天時她跟對方說：「我那時真的很聽話吧。」

結果對方卻回她：「哪有，你一點也不聽話。」

「怎麼會……？我明明記得我高中時很聽話的啊！」

雖然她這麼說，但是他人對自己的感覺，跟自己認為的形象通常都有著不小的落差，而且這個落差還會隨著時間越來越大（所以活到我這個年紀，都會有點「害怕」參加國中同學會什麼的）。

因此，在與他人建立關係時，事先在內心做好「精神準備」，以免使自己受到致命傷害，顯然十分重要。

但是如此一來，就必須踏入多少會讓自己受傷的地方（問題是這個「多少」很難判斷），才能一邊學習迴避致命傷害的方法，一邊慢慢減低對受傷的恐懼。

總之，就是要覺悟——

沒有人的人生是不會受傷的，每個人多少都會受傷。

因此，最好的方式就是**透過與他人慢慢建立關係的過程，在某種程度上學會「預測」他人對自己所抱持的印象**。

以我來說，有些學生覺得我是「教學簡單易懂、有教育熱忱的老師」，有些學生則認為我是「思考事情喜歡追根究柢，說話長篇大論的老師」。

現在的大學在學期結束時，都會讓學生對老師進行「教學評鑑」，老師可以透過這個問卷，大致了解學生對自己課程的評價。

因為從事大學教授這個工作，我不得不與他人建立連結，再加上需要被「評價」，所以我大概可以「預測」自己在他人眼中是什麼樣子。

當自己能「預測」他人是如何看待自己，就能大幅減少被他人的言語傷害的情形。畢竟，「沒想到對方會這麼說我」的狀況，反而更會讓人受傷。

因此，想要克服對於「他人怎麼看待自己」的恐懼，首先就要接受自己的脆弱，然後努力地累積能量，在與他人慢慢建立關係的過程中，學會放下「他人應該用我想要的方式看待我」的過度期待，對他人的眼光做好某種程度的「精神準備」（這裡用的是「精神準備」，不過大家比較常聽到的應該是「心理建設」。我是覺得用「心理建設」好像就得正襟危坐、一派嚴肅，所以就改用「精神準備」了）。

總之，做好「準備」是很重要的。不管他人跟自己再怎麼親密，他們都不會「用我想要的方式看待我」，如果大家都能對這件事做好「準備」，或許就能稍微讓脆弱的自我不再那麼容易受傷了。

6 PART

找到 最好的距離，體會生命的 滋味

這個世上沒有純度100%的關係，
所以，在與他人交流的時候，
不要抱著「扣分」的心態，而是要帶著「加分」的期待；

如果將「完全傳達自己的想法」當成100分，
一旦與他人交流，就從這裡往下「扣分」，
那麼所有的「連結」都只會讓自己感到不滿。
相對地，若是以「沒有傳達出任何想法」為起點（也就是0分），
只要對方懂得自己一點，或是當自己雜亂無章地表達，對方卻真的理解了，
這時一定會感受到莫大的幸福。

親密並非是合而為一，自立也不是絕不依賴

為了描繪出屬於自己的「幸福設計圖」，就需要認真思考自己與周遭世界之間的連結，在心靈不失去柔軟的狀態下，慢慢建構起不會讓自己受傷的「精神準備」——這個重要性在前面已經說明過了。

歸根究柢，關鍵還是在於自己與他人的「距離感」，以及自己與自己的「距離感」。接下來我將分成幾個論點，再次確認這樣的想法。

首先要強調的是——理解「他人本質」的重要性。

就算是再親密的對象，也必須認知到對方的「他人本質」（＝彼此在本質上都是他人），再以此為基礎去加深親密感，這是讓自己不會因為對人過

度依賴或不信任而受傷的智慧。

所謂的親密，並不是融為一體或合而為一。若是毫無關係的陌生人，或者認識沒多久的對象，要將他們當成他人並不難，但如果是家人、朋友或戀人，就很容易會「理所當然」地責備對方「為什麼連這種事都不知道？」，或是認定家人（或朋友、戀人）會支持自己的想法。

當然，如果對方支持自己，確實很令人高興，但是，那一點也不「理所當然」，而是無比「幸福」的事。

順便一提，所謂「夫妻一心同體」完全是騙人的，大家最好不要在日常生活中抱著這種期待。如果真的出現了一心同體的夫妻，絕對很有可能是某一方在勉強自己配合另一方。

「一心同體」並不是親密關係的最終理想，但是，如果因此自暴自棄地認定人就是互不相同，將很難體會親密的感覺。所謂的「自立」，對於準備從青春期長成大人的十幾歲青少年，或是仍有強烈依賴心的成年人來說，都是十分關鍵的概念，但是，一味地在社會價值及人際關係中強調「自立」，又覺得好像有哪裡不對。

怎麼說呢，**「親密感」所能品嘗到最美好的醍醐味，就是不同的兩個人逐漸接近並熟悉彼此的過程。**在這當中，還能體驗到醇美豐富，身而為人所享有的「生命的滋味」。雖然我之前在書中反覆強調，就算戀人或是夫妻，也需要對彼此抱著「他人」的意識，但我並無意暗示大家，一定要培養「自立心」，做個絕不依賴對方的「成熟的大人」。

在尊重各自「他人本質」的基礎之上，讓彼此心意相通，同時共享價值觀，從而體會到「生命的滋味」，如何獲得這樣的歡愉和喜悅，才是我想要關注的焦點。

這個世上沒有純度100%的關係

接著，我們再試著從稍微不同的角度，來探討「他人本質」的重要性。

也就是**「不向對方尋求純度100%的關係」**。

就算跟對方再怎麼親密，我們都「不可能」完整無缺、「純度100%」地傳達自己的想法及感受，而對方也「不可能」毫無保留、「純度100%」地接收這些想法及感受。

我們都會有想要依賴某人、想被某人疼愛的時候，但若因此就向對方尋求「完全的連結」，多半都只會傷到自己。

如果各位還在十歲這種喜歡故作成熟、但仍是孩子的年紀，或許可以抱著這種期待。或者應該說，對年幼的孩子而言，「追求完全的連結」是有其

「必要」的。如果小小年紀就已經領悟到「所有人終究都是他人」，很可能就會掉進「虛無主義的陷阱」。

但是，如果大家已經是超過二十歲的「大人」，最好就要慢慢認清「世上沒有完全的連結」這回事。

不過，也不需要變得極端，就此憤世嫉俗地認定「根本不可能有完全的連結，世上沒有人會理解我」。重要的是，**就算我們不可能100%、完整無缺地將自己的想法及感受傳達給對方，也不要把它當成是「放棄」表達自我的「理由」**。

我們反而要倒過來思考，**就是因為「無法100%傳達自己的想法」，所以「努力表達自我」，好讓對方了解自己的態度，才會那麼重要。**

內心纖細的人，經常會在不知不覺中追尋能夠100％接受自己的他人，當他們發覺這是不可能實現的，往往就會絕望地躲回自己的殼裡。

那麼，要不要試著從這個前提來思考呢——在我們與別人交流時，就等於已經跟完全不同於自己的他人建立起連結了。

希望對方能多少理解自己一點，希望能向對方多少傳達一些自己的想法及感受，這本身就是非常美好的事。我的建議是，**在與他人交流的時候，不要抱著「扣分」的心態，而是帶著「加分」的期待**。

如果將「完全傳達自己的想法」當成100分，一旦開始與他人交流，就從這裡往下「扣分」，那麼所有的「連結」都只會讓自己感到不滿。

但如果換個方式，說得極端一點，以「完全沒有傳達任何想法」的狀況（也就是0分）為出發點，只要對方了解自己一點，或是當自己結結巴巴、雜亂無章地表達意見，對方卻真的聽懂了，這時一定會感受到莫大的幸福。

這讓我再次體會到，將自己以外的人視為「他人」，是多麼重要的事。如果你認為身邊親近的人「理所當然要了解你」、「理所當然要重視你」，總有一天勢必會在某個地方受挫。

到時這份挫折若沒能在內心好好消化、處理，你就會一直想著「是他不理解我，是他的錯」、「是他不重視我，是他的錯」，被這樣的「怨恨．痛苦」（借用尼采的說法就是「無名怨憤」）不斷折磨。

一旦因為與他人的關係而受傷時，每個人多多少少都會有這樣的「無名怨憤」（Ressentiment），但會造成問題的狀況是，一直沉溺其中不肯走出來，或是不斷在記憶裡擴張、膨脹這種情緒。如果不能靠自己的力量擺脫這樣的詛咒，釋放自己，就永遠不可能得到「幸福」。由此可知，面對越是親近的人，越需要認清對方所具有的「他人本質」。

其次，需要重視的關鍵是：

慢慢找尋適合的方法，克服「對於表達自我的恐懼」。

當一個人擁有「容易受傷的心」，大多會極端地恐懼表達自我。但生活中會遇到各種必須這麼做的時刻——像是某些需要演示的場合、在眾人面前說話、和別人交談，或是需要寫電子郵件或訊息聯繫別人等等。

表達自我確實是一件很可怕的事，特別是必須當面向他人表達自己的想法及感受，就會讓人想要退縮。

那是我小學二年級時發生的事。當時學校正在舉辦各班的才藝發表會，級任老師對我們說：

「大家會緊張，是因為覺得〈別人〉都在看自己，所以只要把舞台下面的人都當成南瓜或茄子就好了。」「他人的眼光」會讓我們緊張，那麼，只要把他們當成「蔬菜」（也就是東西）就不會緊張。

當時我半信半疑地想著：「是這樣嗎？」然而一旦站上舞台，還是緊張了起來。畢竟舞台下面怎麼看都還是「人」啊，而且這些人還會觀察、評論或批判我的表現。

無論是誰，都懷著「想要被認真看待」的欲望。獲得別人的評價，也就是得到別人的「認同」，將會深化「生命的滋味」；相反地，在得不到認同的時候，則會讓人陷入絕望。

然而，這裡要特別強調的是，「想獲得旁人完全的認同」，這樣的念頭反而可能傷到自己。一旦要求別人完全認同自己，結果卻無法如願，就會落入完全否定與他人的連結，或是極端恐懼表達自我的境地。

不追求他人完全的認同，但也仍保有適度的期待，渴望表達自己的想法及思考，我們才能藉此在自己與他人的「連結」之中，找到讓「生命的滋味」更加深厚的捷徑。

想要克服「害怕表達自我」的問題，就跟思考自己與他人的連結一樣，需要慎重地審視〈對自己所抱持的精神認知〉——

維持好心目中〈想要成為的自己〉（＝自我理想）與〈現在．這裡的自己〉（＝現實的我）兩者之間的平衡。

換言之，掌握**「和自己的距離」**是非常重要的。

想要深化「生命的滋味」，就需要在心中保有〈想要成為的自己〉的形象。但是，這個自我理想不能太遙不可及，否則〈現在．這裡的自己〉反而會變得可悲又無趣，並且減損現實的我可能享有的「生命的滋味」。因此，若無法適切地描繪出自我理想，就會直接阻斷生命的可能性。

那麼，要如何在「自我理想」與「現實的我」之間保持平衡呢？我沒辦法提供給大家「這樣做就沒問題！」的操作說明書，因為保持平衡的方法，會依每個人的性格及具體的生活方式產生很大的差異。

如果一定要舉出一項共通的「作法」，那就是無論多麼沮喪或不安，都要保有這樣的心情——

「就算是一點一點前進，也想要獲得身邊親近他人的認同。」

不要只是被動地等著完全認同自己的人（像是白馬王子）在某天突然出現，而是要透過某種具體的形式，掌握住心目中〈想要成為的自己〉，再由此出發去獲得別人的認同。

這些經驗的累積，會指引我們在理想的自己與現實的自己之間取得良好的聯繫，克服「害怕表達自我」的問題，為自己扎實地奠定基礎，開拓與他人互動的道路。

藉由真心喜歡的事物，讓理想與現實連結

讓自我理想與現實的我，在內心以某種具體的形式產生連結，這就是為什麼從小找到自己真正喜歡、擅長的事，對我們來說如此重要的原因。

前陣子我遇到一個人，他跟我說了這樣的故事。

對方大約三十歲，他從國、高中時期就一直打棒球，到現在還每週參加一次業餘棒球隊的活動，而且似乎主動接下了安排比賽行程以及尋找場地的工作。

他本人是這麼說的：「其實我不是一個喜歡管閒事或交朋友的人，所以我曾經認真思考過，為什麼我會接下這麼麻煩的差事……」

「我在學校棒球社裡擔任的是游擊手，當時曾經非常拚命地練習過。即使我現在三十出頭了，身體還是沒有忘記原來的接球技巧，能夠靈活地截住飛過來的滾地球。這不只讓我在球場上能大展身手，也讓我有自信在球隊裡建立人際關係。」

衝刺力及爆發力確實會隨著年齡衰退，但如果在年輕時經過一定程度的磨練，我們的身體並不會那麼容易忘記所學會的技巧。

如果他將職棒球員的身手視為自己的理想，覺得「自己不可能擁有那麼高超的技術」，也就是說，他把理想設定得太高，那麼原本應該為他帶來快樂的棒球，就會反過來壓迫他的「人生」。

我們必須讓〈想要成為的自己〉與〈現實的自己〉保持適當的平衡，重要性就在於此。

再說一點我感受到的印象。對他而言，他對自己接球技巧的肯定，使他對自己在業餘棒球隊裡的定位產生自信；而他在這個興趣領域的人際關係中確立的「一席之地」，也成為他在工作及整體生活中重要的活力支柱。

找到自己「真正會喜歡上的事物」，再經由些許努力學習身體上的技巧（棒球、鋼琴或英語會話都好），讓它成為支撐自己的基礎，並藉此獲得別人的認同。我覺得這是非常重要的一個方法，讓自我理想和現實的我得以具體地連結。

以「快樂」為目標，再稍微努力一點就好

本書的主題，就是以「如何深化〈生命的滋味〉」這個問題為基礎，再試著從中去思考有關自己和周遭世界的一切。

在我的想法裡，只是一味地追求「輕鬆」的事物，絕對無法體會「生命的滋味」。就如我們經常聽到的，「輕鬆」並不等於「快樂」。

那麼，我們應該怎麼做呢？答案很簡單。

我們只要以「快樂」為目標，再稍微努力那麼一點就好。

努力也好、加油也好，直到前陣子都還被視為是「老土」、「累人」的價值觀，但我認為，現今這個時代已經對它們重新改觀了。

只不過，這個改變並非是像過去那樣，將「加油」、「努力」或「拿出毅力」當成復古的美德。

當我正苦苦思考這些問題，日本的衛視播放了《怪博士與機器娃娃》。這部卡通在一九八〇年代初期曾掀起一陣風潮，當時我還是大學生，偶爾在電視上也看過幾次。

女主角阿拉蕾是一個很可愛的機器娃娃，她的身邊總是圍繞著無厘頭又搞笑的世界，即使現在看起來也很有趣。看著看著，我忽然發現了一件事。

「啊，原來阿拉蕾是當時犬儒主義[1]世界觀的象徵啊。」

註1 犬儒主義（Cynicism）是指對社會價值觀與他人動機不信任的一種心理態度。犬儒主義者通常不抱有信仰與希望，同時否定人們將抱負、欲望、刺激、功利等作為生活動力，認為這些都是徒勞。犬儒主義在西方哲學中的原始概念是指透過正確的訓練，使人不被世俗欲望所束縛，現代的含意則更偏向於對社會價值觀的批判，以獨善其身的方式冷眼旁觀荒謬的世界。

當時的日本剛剛進入所謂「泡沫經濟」的時代，到處都是「享樂至上」的氛圍。

社會正要走向「（物質）富足」的巔峰，「認真」、「努力」、「誠實」、「忍耐」等價值觀成了「老舊又落伍」的代表。

舉例來說，《怪博士與機器娃娃》裡的「栗頭老師」這個角色，就代表著「認真古板的價值觀」。

他總是一本正經地大聲疾呼：「這個世界上最重要的就是愛。」所以老是被學生們瞧不起，學生對他的輕視又經常讓他暴走，一氣之下就對他們施以「愛的頭槌」。

雖然阿拉蕾快樂又可愛的個性沖淡了那種感覺，但是《怪博士與機器娃娃》整體所呈現的基調，卻是對「愛與誠」（一九七〇年代甚至有漫畫以此為名）這種長久以來的正確價值觀極盡嘲諷及取笑，完全表現了鼓吹「大敘事[2]結束」的「後現代主義」心態。

只要稍微觀察一下，就會發現阿拉蕾其實是個只在乎自我欲望能不能實現，天生「缺乏溝通能力」的角色。

但是，因為〈阿拉蕾是機器人，所以也沒辦法〉的人物設定，讓這個問題顯得沒有那麼深刻。

不過，我認為阿拉蕾代表的是當時的孩子及年輕人的心理狀態，這使我不禁想起美國社會學家萊特・米爾斯（C. Wright Mills）所說的「快樂的機器人」[3]。

阿拉蕾總是「咔咔咔」地伸直雙手，然後四處亂跑，同時發出「啊哈哈

註2 在後現代主義的批判理論中，意指對歷史、經驗或知識的完整解釋和敘述，藉由預期實現，為某一項主導思想賦予社會合法性。

註3 米爾斯在其著作《白領：美國的中產階級》（*White Collar: The American Middle Classes*）中，將中產階級形容為近乎半自動化、受壓迫但又很快樂的人。

哈」的愉快笑聲。她的笑聲隱含著瞧不起人的感覺，也帶著拒絕與他人〈連結〉的意味。

那是「機器人」的笑聲，一種乾巴巴、沒有感情的笑。在那當中，可以窺見徹底拒絕探索人類「生命」深度的犬儒主義與虛無主義……不知道是不是我想太多了？

無論如何，《怪博士與機器娃娃》會在那個時代出現，是必然的事。

像是埋頭苦幹、認真努力地生活，為了世人犧牲自己，將社會問題放在個人問題之上等倫理規範，一直都被當作「表面的價值」，以學校文化為中心，向外發揮影響力。

對此發動「反擊」，說出「其實大家最在乎自己、最關心自己」的「真心話」，自始至終只重視自我欲望的阿拉蕾，其實非常具有真實感。

但是，若只停留在阿拉蕾的階段，我們就沒辦法在「對自己來說的〈真實〉是什麼？」這個直達內在「核心」的問題上找到答案，也不可能從自己與他人「無可取代的關係」中、與他人的同感和共鳴裡，深切體會到「生命的滋味」。

在「利他」的活動中，深化生命的滋味

現在對我們來說，最必要的就是追求「後・阿拉蕾時代」所代表的「純粹」（pureness）。既然我們已經理解了阿拉蕾所代表的犬儒主義，自然就能明白追求「純粹」的重要性。

這裡所說的**「純粹」，是一種認真對待「生命」，更細膩、深入地去感受「生命的滋味」的姿態**。而這種認真對待「生命」的姿態，並不是來自於「為了世人」這種將社會通行的價值加諸於個人的規範，而是因為重視「對自己來說的〈真實〉」，由此自行找到連結「他人」及「社會」的路徑，從而形成的具體方式。

如果能在自己的內心架構出一條通往他人及社會的路徑，我們就能反過來順著這條路徑，從中找到更多的可能性，像是——「從他人及社會的角度重新定義自己的位置」，或者「超越只追求個人〈歡愉〉的層次，在與他人的交流、對社會的貢獻等利他活動中，找到屬於自己的〈生命的滋味〉」。

也就是說，**「與他人共生共存」或是「為他人及社會而活動」，這些價值並不需要犧牲自己的「生命的滋味」來實現，而是可能以更深刻的形式，讓更多人共同擁有及享用。**

不是為了追求自我滿足的身分認同，只是腳踏實地從事志願活動；能夠「毫不勉強」地接下工作場域中其他人不願意接下的工作，並且一步步確實地加以完成——這樣的例子雖然不多，但確實還是有人能以更深刻的形式，將「為社會奉獻」以及本身的「生命的滋味」自然地連結起來。

而促使他們投入活動的意願核心，還是在於想要充實自我「生命」、以自我為中心的欲求。但是，這與狹義的利己主義，也就是排他性強烈、「只要自己好，其他人無所謂」的自我中心主義，是完全不一樣的。

在找尋「從我到社會」這條路徑的過程中，我們或許會開拓出可能性，讓自己的「生命的滋味」與他人及社會順暢連結。

有時候，我們會覺得自己的內心變得像沙漠般乾涸，雖然不清楚原因出在哪裡，就是莫名地覺得整顆「心」都乾枯了。

這個時候，就需要暫時停下腳步，重新去感受及思考。

「對我來說，幸福是什麼？

它會以什麼樣的形式呈現？」

當你累了、停下腳步休息，緩緩環顧四周，似乎稍微瞥見了幸福的輪廓時，或許你會發現，在不知不覺中，你的身體裡已經貯蓄了讓你可以往前踏出一步的「生命的能量」。

在這股慢慢累積的「生命能量」驅使下，去找尋〈比現在更好一點的自己〉，朝著這個目標勇敢地跨出去吧！

不要過度期待對方完全了解自己，但也要努力表達自我，不放棄向他人敞開自己的機會。

對於看似「障礙」、在前方阻擋我們追求自我可能性的「社會」，要慢慢培養出不退縮、不動搖的〈力量〉……

我認為，這對於「設計自己的幸福」來說，是絕對必要的事。

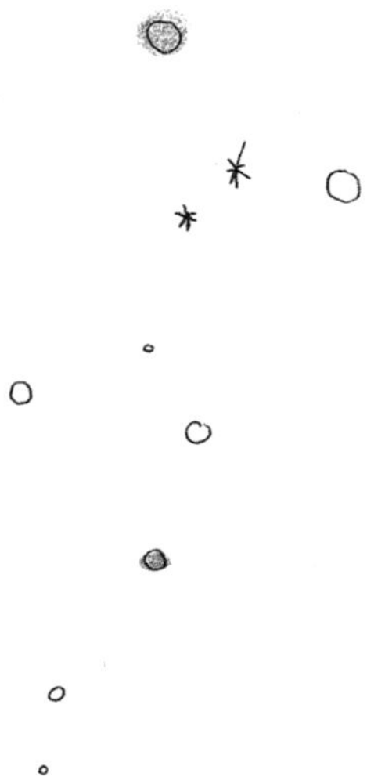

關於愛的一些小叮嚀

在思考「幸福」是什麼的過程中，我忽然想起法國哲學家阿蘭（Alan）的著作《幸福論》中的一段內容。

在最後一章的開頭，他寫下了這句發人深省的話。

「悲觀主義源於情緒，樂觀主義源於意志。」

這一句話完全概括了我認為「幸福」必須經過「設計」的想法。

保持樂觀，就是接受到目前為止的自己、肯定現在，並對未來抱持希望，這絕不是依靠情緒或隨波逐流能做到的事。**如果缺少了「意志」——接受被強加在自己生命中的各種界限及限制，而且努力從中汲取可能性的「意志」，就絕對無法得到幸福**。我覺得這是阿蘭所要表達的意思。

信。

「原來如此，所以幸福是需要〈設計〉的。」我在那時產生了這樣的確信。

只要保持澄澈的心境，每天循規蹈矩地認真生活，總有一天幸福就會降臨——活在現代的我們，都知道這根本是痴人說夢。但是，若就此斷定「反正人生就是色欲的世界，女人看長相，男人看金錢，這就是全部」，大部分的人應該也會覺得這樣太冰冷、無趣了。

只是，想努力在這兩種極端想法之間取得折衷，接受生活的現實，同時又保有能量追求「多一點的幸福」，的確比想像中更加困難。

我提出人應該重視「生命的滋味」，以這樣的思考方式為核心，是因為我們的「人生」，只有讓快樂、精彩及歡愉的追求在現實中具體成形，才能直接感受到「幸福」。

但是，這不只需要「意志」，更需要能夠幫助自己重新審視生命的知識配備，這就是「設計」幸福的能力之所以重要的原因。

我在寫這篇文章的時候，耳邊傳來小學二年級的女兒的練琴聲，她今天要做新曲的「聽音訓練」，似乎一直還在艱苦奮戰。

不過，只要經過十天，這首原本用一隻手都彈得斷斷續續的曲子，應該也能用雙手流暢地彈奏出來吧！但如果完全不練習，她永遠都不可能會彈。

我常想，如果這個天經地義的道理能深深地刻進她的身體裡就好了。鋼琴只是一個比喻，我希望她能靠著自己的力量，慢慢在體內貯存起為了自己的幸福勇於踏出一步的〈生命能量〉；希望她能體會到昨日的自己，與今日這個踏出一步、增添了些許光芒的自己有何不同，累積各種各樣的體驗；希望她能在不知不覺中，發現自己「咦？我什麼時候走這麼遠了？」，從而得到更多一點的自信。

我希望這樣的自信，能夠讓她在置身於與他人的〈連結〉時，成為支撐「自我」的核心，讓她不會因此動搖、退縮。

如果一個人只能靠與他人表面上的競爭去獲得優越感，那也實在太空虛了。所以，要找到自己內裡的「核心」，然後珍重地培育它。

為了得到「幸福」，我希望她能成為一個靠自己的力量去尋求「對自己來說的〈真實〉」的大人，這是我自始至終的期待。

我不只是為了自己的孩子做出這樣的「祈求」，無論你是即將成為大人的年輕人，或是正要更深刻地探索「生命的滋味」的大人，如果我的話語能稍微傳達到你的心裡，那就是我最大的欣慰與滿足。

〈結語〉對幸福的微小期望，編織成了這本「愛之書」

我經常和學生們一邊喝茶，一邊漫無邊際地閒聊。

今天也有一個學生來我的研究室商量畢業論文的事，我們就論文的主題討論了一番之後，她突然輕聲地說：「說到這個，我快要二十二歲了呢。」

當時我正要將裝著伯爵紅茶的杯子送到嘴邊，聽到她這麼說，頓時停下了動作。

然後，我脫口說出：「那麼，你才活了不到我一半的時間呢。」

最近，我剛滿了四十四歲。平常聊天時，我經常會忘記自己與學生們的年齡差距，但是她的這句話，直接將我與學生年齡相距甚大的事實擺到了眼前，我的心裡感受到了彷如焦躁般的不平靜。

然而，她只是想要告訴我，她明明覺得自己不久前還在唸高中，現在卻已經要大學畢業了，所以感到有些寂寥。

過了二十歲之後，我也曾被「自己已經不年輕了」的寂寥感所襲擊。但是，二十歲時出現的那種感覺，其實會在往後每個階段的年齡中出現，這份「青春逝去了」的〈寂寥感〉，不過是往後一切的開始。三十歲、四十歲，再來是五十歲……

每當自己到了那個年紀，大多數人的內心應該都會有些淡淡的苦澀，感嘆著「竟然不知不覺已經到了這個歲數」。

想要培養出將「年齡增長」視為喜悅而細心品味的生命態度，確實非常困難，但也絕非是不可能的任務。**只要找到自己〈真正〉傾心的事物，並且重新審視自己與他人的〈連結〉，就極有可能做到**——這是我想讓覺得「自己已經不年輕了」（其實還很年輕）的年輕人知道的事。

我從來沒想過，自己有一天能寫出這本書。

撰寫這本書，本身就是一趟累積美好經歷的旅程，能夠感受到人與人之間的連結所醞釀而成的〈深刻的愛〉。

「要不要和優秀的插畫家合作，完成一本前所未見的思想書呢？」編輯森本先生的這個邀約，就是啟動一切的開端。

我每天一點一點地寫下「在自己與他人的連結中，努力地〈設計幸福〉是多麼重要的事」，然後和妻子分享我的想法，並仔細確認自己的思路，就這樣日復一日。

而田中小姐溫柔之中隱藏著孤獨的插畫，與我的文章融合交會，將我們對幸福的微小期望，編織成了優雅細緻的作品。

每個人所懷抱的各種想法，都融入了帶著和煦光芒的暖陽之中……

Soulmate 09

致親愛的，這是你和世界最好的距離

接受自己的界限，但仍努力汲取人生的可能性；
不追求完全的認同，但也不放棄表達自我的勇氣。

作者 —— 菅野仁
繪者 —— 田中魹子
譯者 —— 楊詠婷

責任編輯 —— 郭玢玢
協力編輯 —— 廖本郁
美術編輯 —— 耶麗米工作室

總編輯 —— 郭玢玢
社長 —— 郭重興
發行人兼出版總監 —— 曾大福
出版 —— 仲間出版／遠足文化事業股份有限公司
發行 —— 遠足文化事業股份有限公司
地址 —— 231 新北市新店區民權路 108-1 號 8 樓
電話 ——（02）2218-1417
傳真 ——（02）8667-2166
客服專線 —— 0800-221-029
電子信箱 —— service@bookrep.com.tw
網站 —— www.bookrep.com.tw
劃撥帳號 —— 19504465 遠足文化事業股份有限公司

印製 —— 通南彩印股份有限公司
法律顧問 —— 華洋法律事務所 蘇文生律師

定價 —— 320 元
初版一刷 —— 2020 年 10 月
初版二刷 —— 2020 年 12 月

國家圖書館出版品預行編目（CIP）資料

致親愛的，這是你和世界最好的距離：
接受自己的界限，但仍努力汲取人生的可能性；
不追求完全的認同，但也不放棄表達自我的勇氣

菅野仁著；田中點子繪；楊詠婷譯／
-- 初版 . -- 新北市：仲間出版：遠足文化發行，
2020.10　面；　公分 . --（Soulmate；9）

ISBN　978-986-98920-2-5（平裝）

1. 自我實現　2. 生活指導　3. 人際關係

177.2　　　　109015013